edition lichtland

edition Lichtland
Stadtplatz 4, 94078 Freyung
Deutschland

Text: Petr Mazný, Marita Haller, Petr Flachs
Gestaltung: Edith Döringer, Melanie Lehner

1. Auflage 2014

ISBN: 978-3-942509-34-3

Nach Originalausgabe:
Šumavská NEJ....
Rekordy a unikáty Šumavy a Bavorského lesa
(Rekorde und Unikate des Böhmerwaldes und des Bayerischen Waldes)
Text © Petr Mazný, Marita Haller, Petr Flachs
Foto © Jaroslav Vogeltanz, Marita Haller, Petr Mazný, Jindřich Čermák,
Jiří Berger, Jan Hajšman, Hynek Ruta, Iveta Mazná, Günther Haller, Marita Haller jr,
Markus Müller, Niederbayerisches Landwirtschaftsmuseum Regen, Bergwerk Silberberg,
Sammlung Sägewerk Weikl, Touristinfo Grafenau, Bäckerei Kvilda,
Sport Areál Spicák – Sport Service
(Autoren Jiří Jiroušek, Tom Leba), Martina Čtvrtlíková,
Historische Fotos © Archiv Böhmerwald Museum, Archiv von Poschinger, Frauenau; Sammlungen
Jaroslav Nechvátal, Jan Syriště, Marita Haller, Arnold Sporrer, Thomas Weber, Elisabeth Kammerer,
Archiv Förderverein Schneekirche
Herausgeber: Starý most s.r.o.
www.starymost.cz
Erste Ausgabe, 2012

Lichtland

Petr Mazný · Marita Haller · Petr Flachs

BEST of WALD

Außergewöhnliche Plätze
im Bayerischen Wald und
im Böhmerwald

• • INHALT

• • KIRCHLICHE BAUTEN

• • TECHNISCHE DENKMÄLER

• • INHALT

• • RUND UM DIE EISENBAHN

• • EINZIGARTIGE OBJEKTE

• • FREMDENVERKEHR UND SPORT

• • VORWORT

Die Grenze zwischen Bayerischem Wald und Böhmerwald ist seit einem Vierteljahrhundert offen. Zu Beginn waren es vor allem die kommerziellen Angebote, die die Menschen ins jeweilige Nachbarland gelockt haben. Auf der einen Seite waren es die bayerischen Supermärkte und ihre Angebote, auf der anderen Seite Billigmärkte, Zigaretten und Tankstellen, die eine unwiderstehliche Anziehungskraft hatten. Mit der Zeit sind diese Reize etwas verblasst. Nach und nach sind auch persönliche Kontakte über kulturelle Projekte oder wirtschaftliche Verbindungen entstanden.
Ob wir das Land hinter der jeweiligen Grenze aber wirklich kennen? Ob wir die vielen Besonderheiten unserer jeweiligen Nachbarn schon jemals registriert haben? Beim Lesen und Machen dieses Buches ist uns klar geworden, dass wir kaum etwas wissen über die Nachbarn – und vielleicht sogar unser eigenes Land nicht wirklich kennen. Die Vielzahl an kleinen und großen Besonderheiten in unserem Buch BEST OF WALD diesseits und jenseits der Grenze können Anreiz für eine Reise im Kopf sein. Sie können aber auch Anlass sein, sich auf den Weg ins Nachbarland zu machen und über das Besondere den Menschen näher zu kommen – trotz mancher sprachlicher Hindernisse.
Marita Haller hat uns den Weg zum Starý most Verlag in Pilsen gezeigt. Wir wollen Ihnen nach der Erfahrung dieses schönen und aufschlussreichen Kontaktes mit diesem Buch die Grenze im Kopf öffnen.
Freude beim Lesen und Erleben von BEST OF WALD wünschen Ihnen

Hannelore Hopfer und Heinz Lang,
edition Lichtland

• • NATUR

GROSSER ARBER

1.456 m NN

Adwich, Hädweg, Ätwa, Aethw, Aidweich ... der höchste Berg des Böhmerwaldes und des Bayerischen Waldes hat schon viele Namen gehabt.
Bei jedem seiner Namen spürt man aber Erhabenheit, Stolz, das Außergewöhnliche. Der Große Arber wird zu Recht auch „Berg der Berge“ des "Böhmerwalds" genannt. Er dominiert die Landschaft und gibt sich wie ein wahrer König. Seinen Gipfel bilden die vier Felsgruppen Arbergipfel mit Kreuz, Richard-Wagner-Kopf (auch Bodenmaiser Riegel genannt), Großer Seeriegel und Kleiner Seeriegel. Zwei markante Türme in der Nähe des Gipfels sorgen bereits seit Jahren für die charakteristische Silhouette: der Fernsehsender und eine Radar- und Wetterstation.
Von der Schönheit des Großen Arbers wurden viele Künstler inspiriert: Maler, Dichter und Schriftsteller. Seine Charakteristik, die einzige natürlich unbewaldete, subalpine Zone im Grenzgebirge, mag dafür Anlass sein. Hier findet man Relikte aus der Eiszeit, die sonst nur noch in den Alpen vorkommen. Vom höchsten Berg im Böhmerwald und im Bayerischen Wald hat man einen einzigartigen Panoramablick, allerdings nicht von einem einzigen Standpunkt aus. Bei klarem Wetter sieht man bis zu den Alpengipfeln und natürlich auch die Gipfel der Umgebung: Schwarzkopf (Čerchov), Panzer (Pancíř), Mittagsberg (Poledník) und Kubani (Boubín).
Der Große Arber gehört zum Besitz des Adelshauses der Hohenzollern. Er ist heute ein bedeutendes Wintersportzentrum. Der Gipfel wurde 1892 zum ersten Mal von einer Gruppe Pioniere bestiegen. Heute werden die Sportler von einer modernen sechssitzigen Gondelbahn und drei Skiliften nach oben befördert. 1976 wurde am Großen Arber der erste Weltcup der Damen im Riesenslalom und im Slalom veranstaltet. Das Aktivzentrum Bretterschachten zwischen Bodenmais und Großem Arbersee ist eines der schneesichersten Skilanglaufgebiete Mitteleuropas. Der Große und der Kleine Arbersee sind ebenfalls beliebte Ziele. Der Große Arbersee ist 7,2 ha groß, bis zu 16 m tief und liegt am südöstlichen Arberhang 934 m über dem Meeresspiegel.
Der Kleine Arbersee hat schwimmende Inseln und ist der kleinste und am niedrigsten gelegene See des Böhmerwaldes. Er liegt 925 m hoch, hat eine Fläche von 2,73 ha und ist bis zu 7,3 m tief.

Eine sechssitzige Gondelbahn bringt die Besucher auf den höchsten Gipfel des Bayerischen Waldes.

Markt Eisenstein Grenzstation

Die Besucher gelangen mit einer sechssitzigen Gondelbahn auf den Arber. Vom Richard Wagner Kopf – dem höchstgelegenen Aussichtsfelsen des Bayerischen Waldes – hat man einen schönen Ausblick.

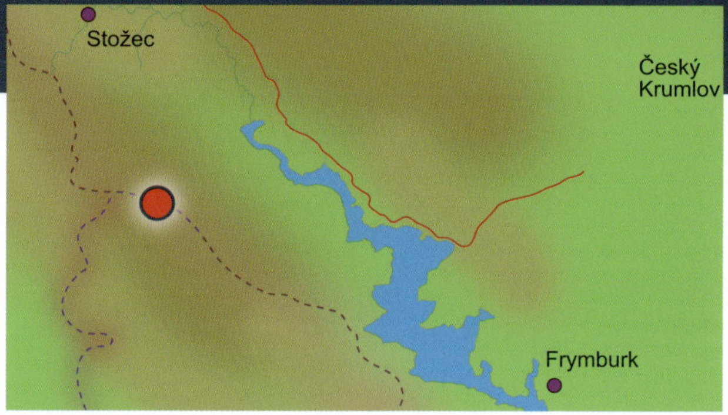

PLÖCKENSTEIN

1.378 m hoch

Der Plöckenstein (Plechý) ist der höchste Berg der tschechischen Seite des Böhmerwaldes, aber er ist kein touristischer Magnet. Zu Unrecht, denn gemeinsam mit dem Plöckensteinsee gehört er zu den schönsten Plätzen des Böhmerwaldes. Er hat zwei Gipfel: Der niedrigere ist ungefähr 750 m vom höchsten Punkt entfernt und liegt fast an der Grenze zu Österreich. Der Name Plöckenstein kommt entweder vom Vergleich mit einem glänzenden Stein oder vom Funkeln des Sees.

Auf dem Gipfel des Plöckensteins steht ein „Predigtstuhl", der einen Ausblick auf die umliegenden Wälder bietet. Wer in die Ferne blicken will, findet an der Nordseite des Berges zwei Aussichtspunkte: den Kucera und das Adalbert-Stifter-Denkmal.

Auf dem Nordhang des Berges wächst die schon selten gewordene Böhmerwald-Fichte. Der Orkan Kyrill im Januar 2010 und der Borkenkäfer haben das Bild der Landschaft verändert – und viele meinen, beeinträchtigt. Unterhalb des Plöckenstein befindet sich in 1.090 m Seehöhe der Plöckensteinsee. Er ist 260 m lang, 90 m breit und mehr als 18 m tief. Die Seewand ragt 200 m in die Höhe.

Auf einem Felsen in 1.311 m Seehöhe steht ein Denkmal des Dichters und Schriftstellers Adalbert Stifter, der im nahen Oberplan (Horní Planá) geboren wurde. Der Obelisk aus Granitquadern wurde 1876 und 1877 nach dem Entwurf des Wiener Architekten Jindřich Ferstel erbaut. Er ist 13,5 m hoch.

Am Plöckensteiner Nordhang entlang wurde in 1.378 m Seehöhe der Schwarzenbergische Schwemmkanal gebaut.

Der Blick vom Plöckenstein-Gipfel Richtung Hochficht (Smrčina)

Der Gipfel des Plöckenstein auf einer historischen Ansichtskarte

Die Wanderer können beim Aufstieg zu Fuß zwischen drei Ausgangspunkten wählen: Neuofen (Nová Pec), Glöckelberg (Zvonková) und Neuthal (Nové Údolí).

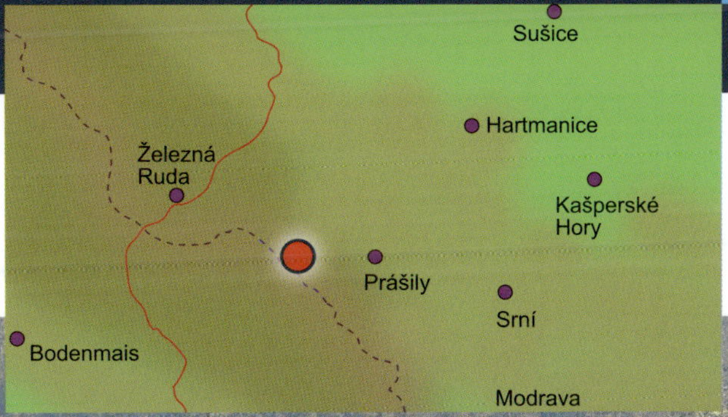

LACKENSEE

1.096 m NN

Der Lackensee liegt 3,5 km westlich von Stubenbach (Prášily) und vereint gleich mehrere Superlative. Er ist der höchstgelegene, kleinste und seichteste See im Böhmerwald. Er ist nur 2,78 ha groß und hat einen Umfang von 870 m. Die Besonderheit des Lackensees sind seine schwimmenden Torfinseln. Er wächst auf diese Weise nach und nach zu und verwandelt sich langsam in ein Sumpfgebiet. Im 19. Jahrhundert hat man zwei Mal den Damm aufgestockt, um diese Entwicklung zu unterbrechen und mehr Wasser im See zu speichern. Der Lackensee ist nur 3,9 m tief. Er wird durch den Seebach in den Kieslingbach entwässert. Früher wurde das abfließende Wasser zum Holztriften genutzt.

Obwohl der Lackensee der kleinste See im Böhmerwald ist, hat er mit 1.346 km^2 das umfangreichste Wassereinzugsgebiet von allen Seen im Böhmerwald.

1947 wurde hier der Film „Divá Bára“ („Die wilde Barbara“) gedreht. Die schöne Vlasta Fialová hat damals im eiskalten Wasser des Lackensees gebadet. Er ist dadurch in die tschechische Filmgeschichte eingegangen.

Prag – Stubenbach 173 km
Pilsen – Stubenbach 84 km
Budweis – Stubenbach 118 km
Passau – Stubenbach 105 km

RACHELSEE

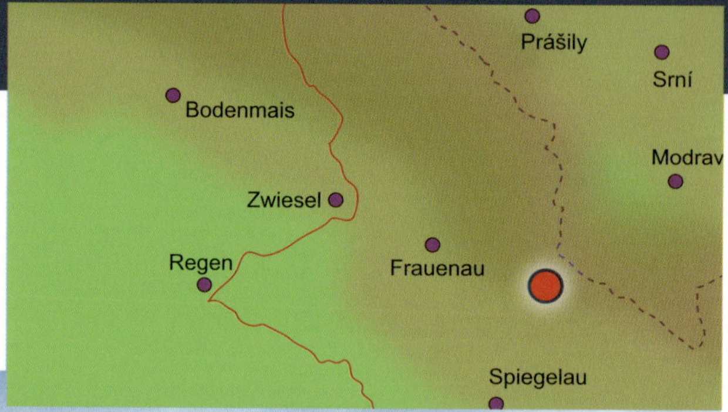

1.071 m NN

Der Rachelsee liegt in 1.071 m Seehöhe unterhalb des Rachelgipfels. Er ist 5,7 ha groß, bis zu 13 m tief und der höchstgelegene See des Bayerischen Waldes. Im 19. Jahrhundert waren die Dämme am Rachelsee wichtig für die Holztrift auf der Ilz. Die Rachelkapelle wurde oberhalb des Sees gebaut und ist mit vielen Holzschnitzereien ausgestattet. Laut einer Sage wurde sie errichtet, weil ein Pferdegespann seinem Kutscher an dieser Stelle trotz heftiger Peitschenhiebe im dichten Nebel die Weiterfahrt verweigert hat. Dem Kutscher, der sich wegen des schlechten Wetters verirrt hatte, hat das das Leben gerettet.
Wanderer werden heute mit einem Bus vom Ortsrand in Spiegelau zum Ausgangspunkt des Weges auf den Rachel gebracht. Der Weg zum Gipfel des Rachel entlang des Sees und der Kapelle zählt zu den schönsten und meistfrequentierten Wanderwegen des Bayerischen Waldes.

Der Aufstieg zum Rachel über den See und an der Kapelle vorbei ist anspruchsvoll, aber schön. Als Belohnung wartet eine überwältigende Aussicht. Bei gutem Wetter kann man hier die Alpen sehen.

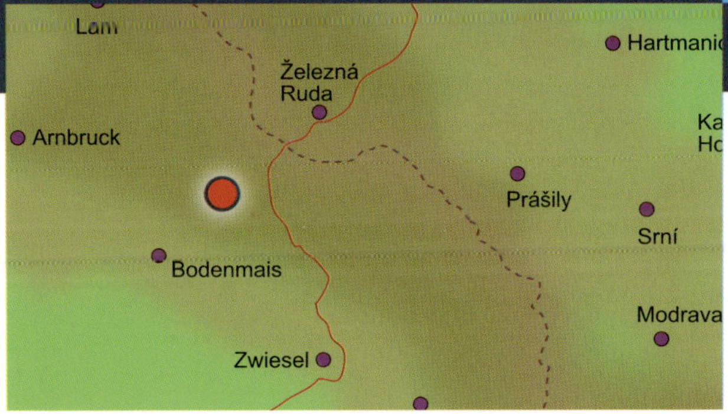

GROSSER ARBERSEE

7,2 ha groß, 16 m tief

Der Große Arbersee zählt zu den attraktivsten Touristenzielen im Bayerischen Wald. Er liegt 935 m hoch am Fuß des Großen Arber. Er ist 7,2 ha groß und bis zu 16 m tief. Um den See führt ein Wanderweg mit einmaligen Ausblicken auf das Naturdenkmal. Die 400 m hohe Seewand birgt Felskaskaden, sumpfige Vertiefungen und kleine Wasserfälle. Im Winter bilden sich hier mächtige Eisfälle. Auf der einen Seite des Sees werden den Ausflüglern Tretboote angeboten. Auf der anderen Seite ist ihre Benützung wegen des Naturschutzes verboten. Dem See entspringt der Geigenbach, der später in den Regen mündet. Am Westufer liegt das Arberseehaus, ein Restaurant für Wanderer und Touristen. Das 157 ha große Gebiet rund um den See steht schon seit dem Jahr 1939 unter Naturschutz. Im Jahr 2005 wurde am Großen Arbersee das Skilandesleistungszentrum „Arber" eröffnet. Es ist ein Trainings- und Wettkampfzentrum für Biathlon und Speziallanglauf.

DER SCHWARZE SEE

18,5 ha groß, 40 m tief

Der Schwarze See (Černé jezero) ist der größte und tiefste See im Böhmerwald. Er gehört zu Recht zu den meist besuchten Touristenzielen. Seinen Namen verdankt er seinem dunklen Wasser, in dem sich die Felswand und die umliegenden, dichten Wälder spiegeln. Vor etwa 12.000 Jahren hat ein Gletscher aus der Würmzeit diesen See ausgefüllt. Der tiefste Punkt des Schwarzen Sees ist 40 m und er ist 18,5 ha groß. Sein Volumen wird auf 2,8 Millionen Kubikmeter geschätzt. Vom Damm bis zum Fuß der Felswand sind es 800 m.

Der Schwarze See weckt nicht nur wegen seiner Naturschönheit Interesse bei den Besuchern, sondern auch durch seine ungewöhnliche Geschichte mit fesselnden Begebenheiten. Er war lange Zeit für Touristen gesperrt. Noch in der zweiten Hälfte des 19. Jahrhunderts mussten sich Besucher einen Reiseführer buchen, der mit einer Machete und reichlich Vorräten an Essen und Trinken ausgestattet war.

Erst im Jahr 1878 zeigte sich der See von seiner freundlicheren Seite: Am Ufer wurde ein zweistöckiger Unterstand – eine Gloriette – gebaut.

Frei zugänglich wurde der See für Besucher erst im Jahr 1906, als der Oberförster Julius Komárek eine Straße vom Spitzbergsattel (Špičácké sedlo) bis zum See erbaute. Sie ist bis heute der meistbenutzte Weg zum See. Im Jahre 1911 kam eine gravierende Veränderung: Der Fürst von Hohenzollern hat den Rat des Umweltschützers Dr. Hugo Conwentze befolgt und das Gebiet um den Schwarzen See und den Teufelssee zum Naturschutzgebiet erklärt (seit 1933 Staatliches Naturschutzgebiet Schwarzer See und Teufelssee).

Die politischen Ereignisse nach dem Zweiten Weltkrieg hatten erhebliche Auswirkungen. Der See lag nun in unmittelbarer Nähe einer Grenze zwischen zwei Welten. Durch den „Eisernen Vorhang" wurde den normalen Besuchern der Zutritt verwehrt. Grenzschutzbeamte nahmen die Hütte in Beschlag. In den Jahren 1950 – 1963 war der See völlig unzugänglich.

Im Jahr 1964 durften Touristen bis zum See gehen, jedoch nur bis zum Damm. Damals war der See auch Schauplatz einer Propaganda für die Medien. Heimlich wurden im See leere Kisten versenkt und ein paar Wochen später als „Nazi-Schatz" mit kompromittierenden Dokumenten wieder geborgen.

Der Schwarze See ist nicht nur der tiefste See und der See mit der größten Oberfläche, er ist auch der einzige Ort in der Tschechischen Republik, an dem das seltene See-Brachsenkraut, eine aussterbende Art der Bärlappgewächse zu finden ist.

Der Schwarze See ist ohne den Teufelssee nicht vorstellbar. Die beiden Seen werden die „Augen des Böhmerwaldes“ genannt, und man erreicht sie über den Spitzbergsattel. Vom Spitzbergsattel zum Schwarzen See sind es vier Kilometer, zum Teufelssee 3,5 km. Beliebt ist auch eine 2,5 km lange Route, die über einen steilen Aufstieg vom Schwarzen See über Rozvodí zum Teufelssee führt.

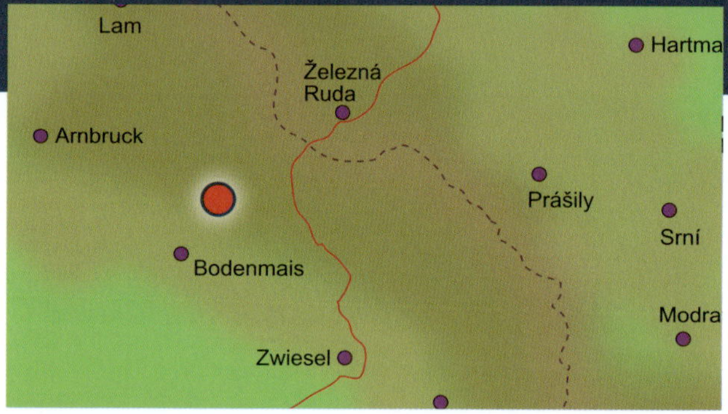

RIESLOCHFÄLLE

5 Stufen, Gesamthöhe 55 m

Die höchstgelegenen Wasserfälle des Bayerischen Waldes liegen knapp zwei Kilometer nordöstlich des bekannten Glaszentrums Bodenmais in einer Schlucht. Die Rieslochschlucht ist durch eine tiefe Erosion im Gneis entstanden. Sie ist 1,6 km lang und erstreckt sich über eine Höhenlage von 780 bis 920 m Seehöhe. Die Rieslochfälle selbst bestehen aus fünf Stufen, die insgesamt 55 m hoch sind. Die höchste Stufe misst 15 m. Vor allem im Frühling während der Schneeschmelze am Arber oder bei Starkregen sind sie ein beeindruckendes Naturschauspiel. 1939 wurde die Rieslochschlucht zum Naturschutzgebiet erklärt. Schützenswert ist vor allem die Urwaldvegetation mit Relikten aus der Eiszeit.

Zum Vergleich: Die berühmten Niagarafälle sind 51 m hoch.

Prag – Bodenmais 196 km
Pilsen – Bodenmais 106 km
Budweis – Bodenmais 167 km
Passau – Bodenmais 85 km

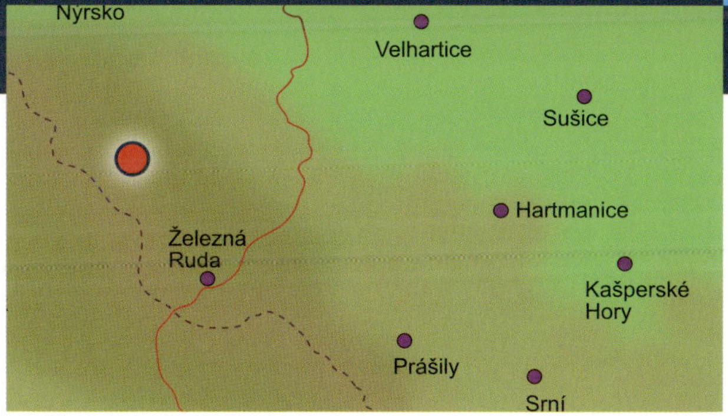

WASSERFALL KLAMMERLOCH

13 m

Der 13 m hohe Wasserfall Klammerloch (Bílá Strž) am Weißbach (Bílý potok) beim Schwarzen See (Cerne jezero) ist der höchste Wasserfall im tschechischen Teil des Böhmerwaldes. Das Wasser fließt über einige Kaskaden, die größte ist 7 m hoch. 1972 wurde ein 79 ha großes Gebiet mit mehr als 350 m Höhenunterschied rund um das Klammerloch zum nationalen Naturschutzgebiet erklärt. Der Weißbach (Bílý potok) fließt durch eine malerische Schlucht. Den Wasserfall in 940 m Seehöhe sieht man am besten von einer Aussichtsterrasse am Seitenhang. Rund um den Wasserfall sind Reste des ursprünglichen Bergwaldes mit 220 bis 240 Jahre alten Bäumen erhalten.

Vom Schwarzen See gelangt man über einen rot markierten Wanderweg zum Wasserfall Klammerloch. Der Weg führt durch den nördlichen Teil des Nationalen Naturschutzgebietes Klammerloch. Über einen Holzsteg kann man zur Aussichtsterrasse oberhalb des Wasserfalls steigen. Ausgangspunkte für die Wanderung zum Wasserfall sind der Spitzbergsattel (Špičácké sedlo) oberhalb von Markt Eisenstein (Železná Ruda), Eisenstrass (Hojsova Stráž) und Hammern (Hamry).

KUBANY

1858 Der Berg Kubany (Boubín) prägt mit dem benachbarten Berg Schreiner (Bobík) den südlichen Teil des Böhmerwaldes. Er ist 1.362 m hoch und der höchste Punkt im Kubany Gebirge (Boubínská pahorkatina). Zwischen 1950 und 1989 war er der höchste Punkt, den man auf der tschechischen Seite des Böhmerwaldes besteigen durfte. An seinen südlichen Hängen breitet sich das Naturschutzgebiet Kubany-Urwald (Boubínský prales) aus.
Schon 1858 hat der damalige Oberförster Josef John erreicht, dass der sogenannte Jungfrauwald vom Fürsten Schwarzenberg unter Schutz gestellt wurde. Offiziell wurde der alte Bergmischwald mit Buchen, Fichten, Tannen und Bergahorn 1933 unter Schutz gestellt. Der Kubany-Urwald ist 666,4 ha groß und liegt auf einer Höhe von 920 bis 1.100 m Seehöhe. Die ältesten Fichten und Tannen sind 300 bis 400 Jahre alt. An der Kubanischwelle (Boubínské jezírko) beginnt ein 3,8 km langer Naturlehrpfad, der rund um den umzäunten Kernbereich des Urwalds führt.
Die hölzerne Kubanischwelle liegt an der Südseite des Berges, etwa 2 km vom Gipfel entfernt. Sie wurde im Jahr 1836 als Talwassersperre am Kapellenbach (Kaplický potok) gebaut. Ihr Wasser wurde für die Holztrift aus dem Kubany-Urwald zur Glashütte Eleonorenhain (Lenora) genützt. Der See hat eine Fläche von 0,37 ha und ist bis zu 4 m tief.

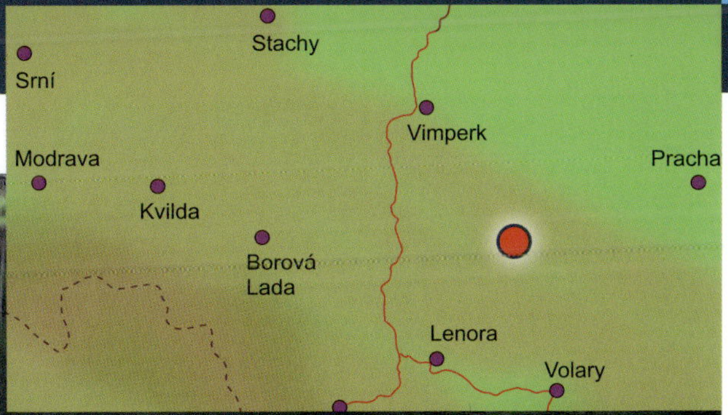

Die Kubanischwelle (Boubínské jezírko)

Der „Fichtenkönig" war der berühmteste Baum des Urwalds. Er ist 440 Jahre alt geworden. Am 4. Dezember 1970 fiel er einem Sturm zum Opfer. Er war 57 m hoch und hatte einen Umfang von 5,08 m.

GROSSER KÖNIGSFILZ

1,3 ha

Am linken Ufer der Warmen Moldau, am Zusammenfluss mit dem Otterbach (Vydří potok) liegt der größte Moorsee im Böhmerwald, der Große Königsfilz (Chalupská slať). Auf dem See mit seiner unregelmäßigen Form schwimmen kleine Inseln mit einer typischen Moorvegetation. Im Sommer brüten hier Wildenten, die sich an die Menschen gewöhnt haben. Die Torffläche liegt zwischen 897 und 920 m Seehöhe und hat eine Fläche von 137 ha. Der Moorsee ist durchschnittlich 1,5 m tief und 1,3 ha groß. Das Moor liegt in der Zone 1 des Nationalparks Šumava. Zum Moorsee führt ein 250 m langer Lehrpfad, der auf Holzbalken gebaut wurde. Am Großen Königsfilz wachsen Fichten, Birken, Latschenkiefern, Torfmoos, Wollgras, Heidekraut, Heidelbeere, Moosbeere, Rosmarinheide, Riedgras und der rundblättrige Sonnentau. Außerdem leben hier seltene Libellen- und Spinnenarten.

Der Königsfilz ist ein Übergangstyp zwischen den typischen Talhochmooren, die entlang der Moldau (Vltava), dem Kieslingbach (Křemelná) und den Berghochmooren der Böhmerwald-Hochebenen liegen. Mit einer jährlichen Durchschnittstemperatur von 4,5 °C gehört er zu den kältesten Gebieten im Böhmerwald. Der jährliche Niederschlag liegt bei durchschnittlich 950 mm.

Am Rand des Moores wurde früher Torf abgebaut. Die Stellen sind noch heute zu erkennen. Es sind zum Teil Moore ohne Latschenkieferbewuchs, die allmählich durch den Anflug von Birken-, Kiefern- und Fichtensamen überwuchert werden.

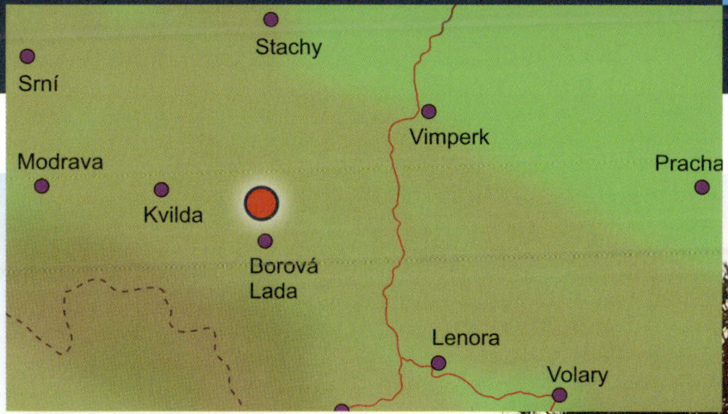

Besucher, die sich auf den etwa 600 m langen Lehrpfad „Großer Königsfilz" begeben, beginnen die Route am Infozentrum in Seehaid (Svinná Lada). Interessantes über das Hochmoor lesen Besucher an drei Infotafeln.

Prag – Ferchenhaid 157 km
Pilsen – Ferchenhaid 114 km
Budweis – Ferchenhaid 74 km
Passau – Ferchenhaid 77 km

FILZE BEI MADER

3.615 ha

Die Maderer Filze sind mit einer Fläche von 3.615 ha der größte und am besten erhaltene Hochmoorkomplex im Böhmerwald. Diese Filze, früher Weitfäller Filze genannt, gehören zur Kernzone des Nationalparks Šumava und sind in der Liste der weltweit geschützten Feuchtgebiete (Ramsar-Konvention).
Der bedeutende Lebensraum ist für die Öffentlichkeit nicht zugänglich und besteht aus mehreren Filzen. Der Weitfäller Filz (Rokytská slať) liegt zwischen 1.080 und 1.120 m Seehöhe und hat eine Fläche von 104 ha. Hier befinden sich 69 Torfseen und die Weitfäller Klause, die für die Holztrift gebaut wurde. Ein Teil der Filze ist der Tote Wald (Mrtvy les). Weitere Filze sind der Müllerschachtelfilz (Mlynarska slat), der Fischerfilz (Rybárenská slať), der Gayruckfilz (Roklanská slať), der Grenzfilz (Hraniční slať) und die Neuhüttenfilze (Novohuťský močál). Das Maderer Moorgebiet wird hauptsächlich durch den Rachelbach (Roklanský potok) entwässert.

Im Reservat kommen seltene Pflanzenarten vor (Moosbeere, Heidelbeeren, Zwergbirke und Sonnentau). Hier leben der geschützte Auerhahn, der Eurasische Luchs, eine bedeutende Birkhuhnpopulation und die Waldbirkenmaus. Seit dem Jahr 1922 sind die Filze ein Reservat, es wurde im Jahr 1929 von den Schwarzenbergern übernommen. Das staatliche Naturschutzgebiet (SPR) wurde im Jahr 1989 eingerichtet.

Die Fläche der Maderer Filze ist mit 36,15 km^2 nur um 10 km^2 kleiner als Schüttenhofen (Sušice).

SEEFILZ

-38.1 °C

Wer warmes Klima bevorzugt, sollte um den Seefilz einen großen Bogen machen. Die durchschnittliche Jahrestemperatur liegt hier um 1 °C und der Seefilz taucht regelmäßig in der Übersicht der kältesten Orte der Tschechischen Republik auf. Am 3. Februar 2012 wurde hier eine Temperatur von -38,1 °C gemessen. Der Seefilz gehört mit 1.300 mm pro Jahr auch zu den niederschlagsreichsten Orten im Böhmerwald. Wegen des kühlen Klimas und der vielen Niederschläge findet man hier viele Pflanzen- und Tierarten, die sonst nur im Norden Skandinaviens vorkommen. Dazu gehören die nur einen halben Meter hohe Zwergbirke, das Scheiden-Wollgras, die Bergkiefer und viele andere mehr. Seltene Tierarten sind hier das Birkhuhn, der Eurasische Luchs und die Waldbirkenmaus.

Der Seefilz ist ein Hochmoorgebiet, das auf einer Hochebene des Böhmerwaldes (1.050 bis 1.057 m NN) zwischen den Ortschaften Außergefild (Kvilda) und Innergefild (Horská Kvilda) mitten in der Kernzone des Nationalparks Šumava liegt. Mit einer Fläche von rund 104 ha ist er der viertgrößte Filz im Böhmerwald. Ein kleinerer Teil entwässert durch den Hammerbach (Hamerský potok) in den Fluss Widra (Vydra), das restliche Wasser fließt durch den Außergefilder Bach (Kvildský potok) in die Moldau (Vltava). Durch den Seefilz führt auf einem 120 m langen Holzsteg ein Naturlehrpfad. Am Rand des Moorgebietes steht ein 7 m hoher Aussichtsturm aus Holz, von dem man das ganze Moorgebiet und das bewaldete Panorama mit dem 1.253 m hohen Gipfel des Antigelberges (Sokol) sehen kann. Der 1974 errichtete Aussichtsturm wurde 1997 von der Verwaltung des Nationalparks Šumava ersetzt.

Im 19. Jahrhundert und Anfang des 20. Jahrhunderts wurde in diesem Gebiet Torf abgebaut. Der Torfabbau wurde 1933 durch die Erklärung zum Naturschutzgebiet gestoppt. Die Folgen der Torfgewinnung sind bis heute sichtbar.

Der Seefilz ist vom Frühjahr bis zum Herbst auf einem Lehrpfad zugänglich. Die nächste Bushaltestelle „Kvilda-Park U Jezerní slatě", Parkplatz an der Straße Nr. 169, ist etwa 200 m vom Seefilz entfernt.

Den Temperaturrekord der Tschechischen Republik hält die Ortschaft Letnowitz (Litvinovice) bei Budweis (České Budějovice), wo am 11. Februar 1929 -42,2 °C gemessen wurden.

KLINGENBRUNN

-39 °C

Der Ort Klingenbrunn am Rachelhang, genauer gesagt der Ortsteil Klingenbrunn-Bahnhof im Nationalpark Bayerischer Wald, ist der kälteste Ort im gesamten Bayerischen Wald. Nach der offiziellen Wetterstation für das Wetter in Klingenbrunn-Bahnhof werden hier im Winter zuweilen -39 °C gemessen. Kurz vor Sonnenaufgang ist die kälteste Zeit.

Klingenbrunn-Bahnhof liegt weit unterhalb des eigentlichen Ortes Klingenbrunn in einer Höhe von 750 m über dem Meeresspiegel. Die Bevölkerung lebt mit diesen tiefen Temperaturen ganz gut und gibt sich gelassen. Die Menschen sagen: „Was uns nicht umbringt, macht uns nur härter".

Klingenbrunn-Bahnhof ist der kälteste Ort im Bayerischen Wald

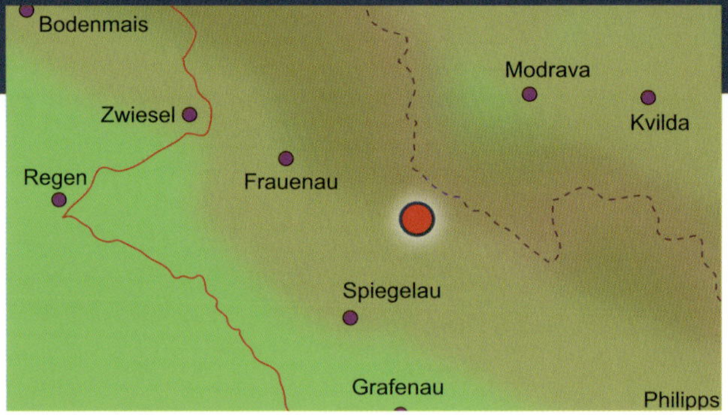

Ein Ort „Chlingenbrunne" wird bereits 1250 erwähnt. Ein Dokument von 1521 sagt aus, dass ein gewisser „Erasmus Mospurger" aus Grafenau seine Glashütten in Klingenbrunn und in dem nahe gelegenen Ort Spiegelau einst der Pfarrkirche in Grafenau vermachte. Die Kirche musste sich dafür verpflichten, für die Familie regelmäßig Totenmessen zu lesen. 1832 verkaufte Felix von Hilz das Gut Klingenbrunn an das Königreich Bayern. Das Gut bestand damals aus einem Herrenhaus, Wirtschaftsgebäuden, einer Brauerei und den Glashütten Alt- und Neuhütte. Klingenbrunn gehörte somit zu den frühen Glashüttenorten im Urwaldgebiet des bayerisch-böhmischen Grenzberges Rachel. Eine Glashütte gibt es nicht mehr in Klingenbrunn. Der Ort ist aber immer noch ein Brauereidorf (Spezialität Panduren-Bier) mit schönen Wanderwegen und Langlaufloipen.

Quelle: Marita Haller, Böhmerwald grenzenlos, Starý most Verlag, Pilsen

Die alte Wetterstation wurde um 1980 abgebrochen. Der Sockel wurde neben dem Bahnhof neu aufgebaut und wird heute als kleines Wohnhaus genutzt. Die neue Wetterstation wird vom Nationalpark Bayerischer Wald betreut.

Die örtliche Brauerei Stangl braut einmal im Jahr ein ganz spezielles Panduren-Bier, das ausschließlich für das große Pandurenfest hergestellt wird. Das historische Spektakel findet im Juli in Spiegelau statt.

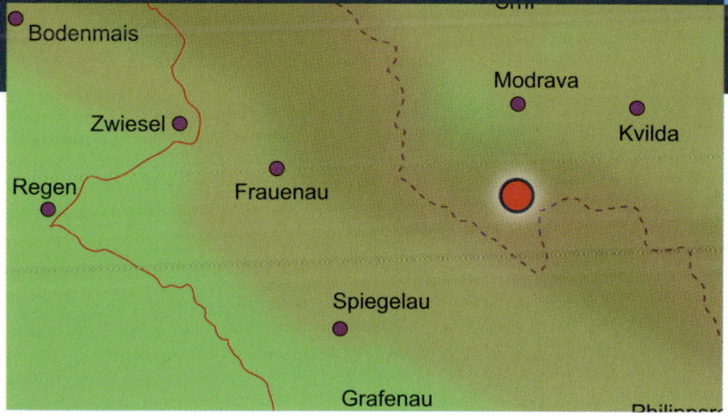

PÜRSTLING

1.522 mm

Falls Sie einen Ausflug zum Pürstling (Březník) planen, vergessen Sie nicht, einen Regenschirm mit auf den Weg zu nehmen. Der Pürstling liegt am Nordrand des Lusentals (Luzenské údolí) in der Ebene um Außergefild (Kvildské pláně), dort wo der Lusenbach (Luzenský potok) und der Pürstlingbach (Březnický potok) zusammenfließen. Der Pürstling ist das regenreichste Gebiet im Böhmerwald. Der durchschnittliche langfristige Niederschlag liegt bei 1.522 mm, im Jahr 1922 waren es sogar 2.132 mm. Nur zum Vergleich: Der durchschnittliche jährliche Niederschlag in Prag liegt bei 580 mm.

Durch das Lusental führte früher eine Route des bekannten Säumerweges, die Böhmen mit Passau verband. Der Pfad war zur Zeit der Ersten Republik ein beliebter Weg zum Lusen (Luzný). Nach der Grenzöffnung 1989 konnte man ihn wieder benützen, bald jedoch wurde er aus Naturschutzgründen gesperrt. Die Öffnung des Grenzübergangs Blaue Säulen (Modrý sloup) ist seither ein „heißes Eisen" und wird heftig diskutiert. Berühmt wurde der Pürstling durch den Schriftsteller Karel Klostermann. Er hat ihn zum Schauplatz seines bekannten Romans „Aus der Welt der Waldeinsamkeiten" gemacht. Von den ursprünglichen Gebäuden ist nur das ehemalige Schwarzenberger Forsthaus übrig geblieben. Es wurde zwischen 1998 und 2002 restauriert und zum Nationalpark-Infozentrum umgebaut. Erstmals erwähnt wurde der Pürstling nach dem Bau des Chinitz-Tettauer Schwemmkanals (vchynicko-tetovský kanál), der den Holztransport aus den früher abgeschnittenen Orten des Šumava ins Landesinnere möglich gemacht hat. Das neue Revier Pürstling wurde gegründet.

Das erste Gebäude – ein hölzernes Forsthaus – wurde im Jahre 1804 erbaut. Im Jahr 1856 folgte ein steinernes Gebäude für den Forstverwalter, und das alte Gebäude wurde zum Wohnhaus des Försters. Das steinerne Haus war bis zum Jahr 1951 bewohnt. Danach wurde es als Stallgebäude einer Einheit des Grenzschutzes genutzt. In den 90er Jahren wurde das verkommene Gebäude renoviert. Heute können sich die Besucher hier an das Leben und an die Werke von Karl Klostermann und an andere Persönlichkeiten erinnern.

Vom Pürstling aus führt der Lehrpfad „Die Verwandlung der Bergfichten" durch den Wald.

Das ehemalige Forsthaus am Pürstling dient heute als Infozentrum des Nationalparks Šumava.

Das Lusental (Luzenské údolí) auf einer historischen Fotografie.

Im Dachgeschoss des ehemaligen Forsthauses am Pürstling finden die Besucher unter anderem eine interessante Klostermann-Ausstellung. Am Pürstling spielt die Geschichte seines bekanntesten Romans „Aus der Welt der Waldeinsamkeiten".

BÄRENSTEIN

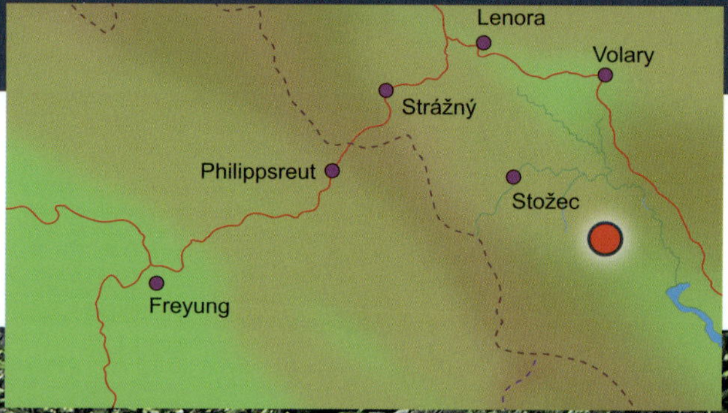

1856 Als im November 1856 nach einer dreitägigen Hetzjagd Johann Jungwirth (auch „Hüttelhans“ oder „Bärenhans“ genannt) auf den Abzug seiner Flinte drückte, ahnte er wohl nicht, dass er damit in die Geschichte eingehen würde. Er erschoss in diesem Augenblick den letzten Bären des Böhmerwaldes. Genau genommen war es eine Bärin, die im Salnauer Revier (Želnavský revír) lebte und die letzten Tage ihres Lebens auf der Flucht im Jokuswald (Joklův les) unweit der Hirschberge (Jelení vrchy) war. An dieser Jagd haben etwa hundert Menschen teilgenommen, davon 46 Schützen. Das erschossene Tier wog 115 kg und man brachte es nach Frauenberg (Hluboká), wo es ausgestopft wurde. Der erfolgreiche Schütze bekam eine Belohnung von 40 Gulden.

Die Todesstelle des letzten Böhmerwald-Bären ist Teil des ältesten Lehrpfades im Böhmerwald – des Bärenlehrpfads. An diesem Pfad steht ein Bärenstein, der an die erfolgreiche Jagd erinnert. Der letzte Bär selbst ist samt der Flinte, mit der er angeblich erschossen worden ist, im Museum für Forstwesen, Jagdwesen und Fischerei in Wohrad (Ohrada) ausgestellt.

Die Bären sind in den 90er Jahren in den Böhmerwald zurückgekehrt, allerdings nur für einige Tage und unter strenger Aufsicht des Filmemachers Václav Chaloupek. Er drehte dort einige Teile seiner "Gute-Nacht-Geschichten" für das tschechische Fernsehen. Im Jahr 2014 wurde dort ebenfalls mit Václav Chaloupek mit Bären für die Sendung „Paula und die wilden Tiere“ gedreht. Im Film heißen die Bären Lilli und Ben. Václav Chaloupek ist in Tschechien ein bekannter Filmemacher.

Prag – Tusset 184 km
Pilsen – Tusset 150 km
Budweis – Tusset 93 km
Passau – Tusset 70 km

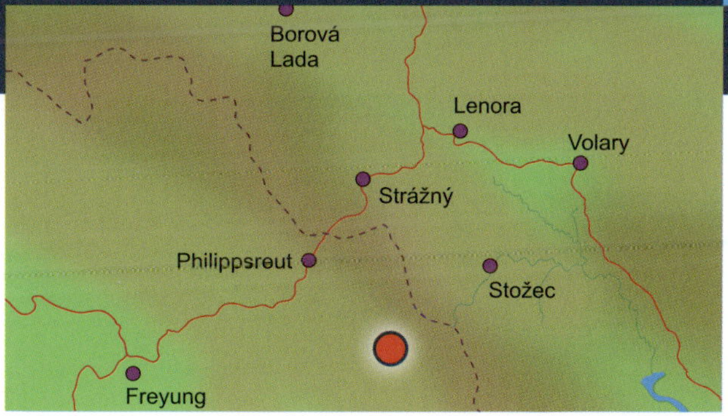

ZWISCHEN DUSCHLBERG UND HAIDMÜHLE

1841 Der letzte Bär im Bayerischen Wald wurde im Jahr 1841 von Oberförster Hermann im Stangenwald zwischen Duschlberg und Haidmühle geschossen. Um 1850 war der Bär in ganz Bayern ausgerottet.

Der Revierjäger Georg Forster vom Weiler Zwieselerwaldhaus (Landkreis Regen), auch gerne Bärenkönig genannt, hat zwischen 1760 und 1802 zwischen den Bergen Arber und Rachel sage und schreibe 37 Bären erlegt. Den staatlichen Jägern wurden seinerzeit hohe Abfindungen für den Abschuss eines Bären bezahlt, deshalb waren bereits Anfang des 19. Jahrhunderts die Bären selten geworden. Man bezahlte damals zum Beispiel zwei Gulden für einen Bären und einen Gulden für ein Reh. Für einen Hirsch oder einen Wolf erhielten die Jäger jeweils drei Gulden. Bei den Landesfürsten äußerst begehrt waren das Fell der Tiere und das Bärenschmalz als Heilmittel gegen Gicht, Geschwüre und Ohrleiden.

Quelle: Ludwig Reiner, Ludwig Schober, Fürstliche Bärenjagd im Bayerischen Wald, Ohetaler Verlag, Riedlhütte

Bär im Waldmuseum Zwiesel, Abteilung Wald – Foto Marita Haller
li.: Bär im Gehege Nationalpark Bayerischer Wald – Foto Marita Haller junior

Die Ortschaft Haidmühle liegt im malerischen Tal zwischen Dreisesselberg und Haidel. In diesem Gebiet gibt es viele Pfade, Wanderwege, Langlaufloipen, Rad- und Reitwege.

WOLFSSTEIN

1874 Jahrhundertelang war die Wildnis des Böhmerwaldes die Heimat von Wolfsrudeln. Als sich die menschlichen Siedlungen immer mehr ausbreiteten, wurden die Begegnungen zwischen Wölfen und Menschen immer unangenehmer. Als Falle wurden Wolfsgruben ausgehoben und mit Ästen und Zweigen getarnt. Die Förster lauerten den Wölfen auf und die Wolfsjagd war ein beliebtes Vergnügen der adeligen Gesellschaft. Zeitgenössischen Quellen zufolge wurde der letzte Wolf am 2. Dezember 1874 im Revier Freiung (podlesí Lipka) bei Winterberg (Vimperk) erschossen. An diesen Abschuss am sogenannten Wolfsstein zwischen Kubohütten (Kubova Huť) und Ferchenhaid (Borová Lada) erinnert heute ein Denkmal.

Der letzte Wolf des Böhmerwaldes war 80 cm hoch und 154 cm lang. Er wurde nach seinem Tod drei Tage lang im Schloss Winterberg ausgestellt, dann wurde er nach Schloss Frauenberg (Hluboká) gebracht und Teil der örtlichen Schwarzenberger Jagdausstellung. Heute wird er im Museum in Wohrad (Ohrada) bei Frauenberg ausgestellt. Im Museum ist auch eine Schrotflinte der Marke Lefaucheur, aus der der Schuss auf den letzten Wolf vom fürstlichen Baumeister Johann Sterbik aus Winterberg abgefeuert worden ist. Das bekannteste Bauwerk des Baumeisters ist die Kirche St. Stephan (Štěpán), das Wahrzeichen von Außergefild (Kvilda), mit deren Bau er 1892 begonnen hatte.

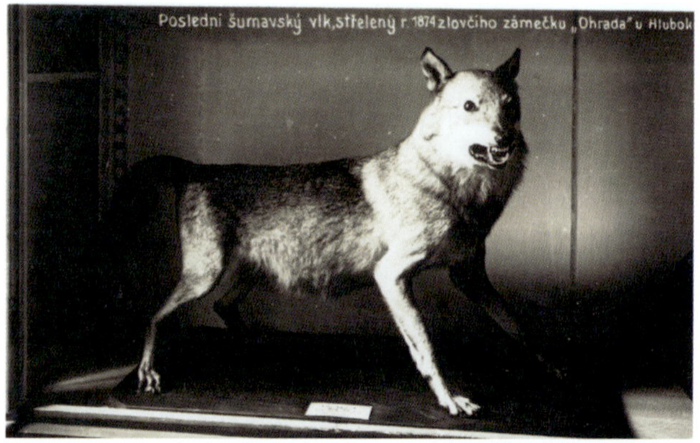

Zeitgenössische Ansichtskarte mit dem Motiv des letzten erschossenen Wolfes im Böhmerwald

Heute kann man Wölfe im Nationalpark Bayerischer Wald in Gehegen in Lohberg, Ludwigsthal und Neuschönau beobachten. In die freie Natur kehren sie seit den 70er Jahren wieder zurück.

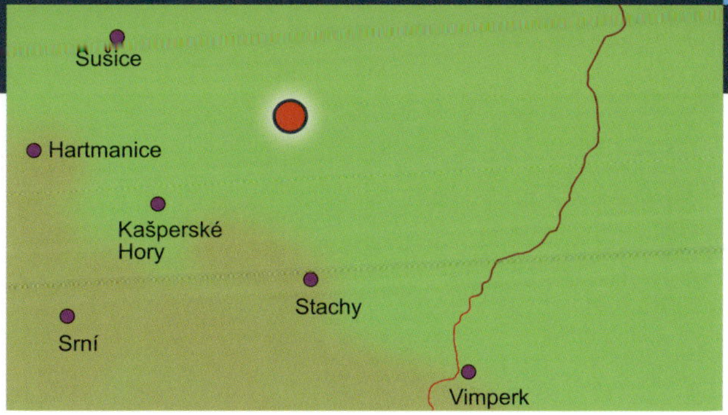

STRASCHIN

2 cm

Ungefähr zehn Kilometer südöstlich von Schüttenhofen befindet sich in Straschin (Strašín) die kleinste Heilquelle im Böhmerwald. Die kleine Mulde im Felsen, die nie austrocknet, erscheint Besuchern wie ein Wunder. Die Heilige Maria soll hier einst dem alten Einsiedler Martin Rezek aus Strakonitz (Strakonice) erschienen sein und mit einem Finger die Mulde in den Stein gedrückt haben.

Das Wasser aus dieser Mulde soll seither Augenerkrankungen heilen oder wenigstens lindern. In den Jahren 1736 – 1739 wurde an der Heilquelle die Kirche Mariä Geburt (Narození Panny Marie) erbaut, und es entstand ein bedeutender Wallfahrtsort.

Die kleinste Quelle sprudelt aus einem Steinblock hinter der Kirche Mariä Geburt (Narození Panny Marie).

Prag – Straschin 141 km
Pilsen – Straschin 82 km
Budweis – Straschin 86 km
Passau – Straschin 106 km

RIED

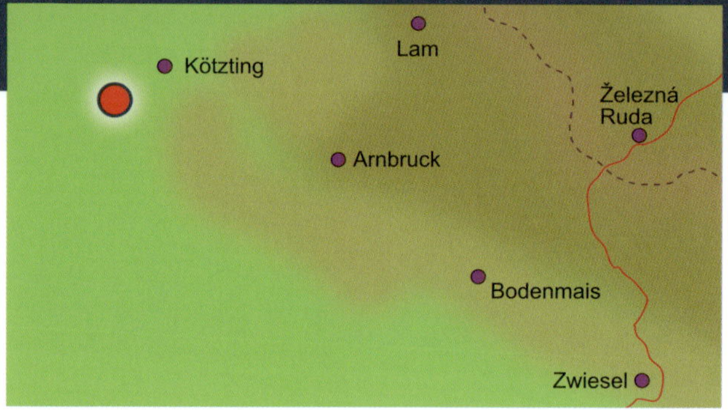

800 bis 1.000 Jahre alt

Im Dorf Ried, nordwestlich der Stadt Bad Kötzting, steht die wohl älteste Sommerlinde Deutschlands – die Wolframslinde. Man schätzt ihr Alter zwischen 800 und über 1.000 Jahre. Ihr Stammumfang beträgt 13 m, ihre Höhe 14 m. Mittlerweile ist der Baum jedoch eher eine lebende Baumruine, denn ein Sturm beschädigte ihre Krone um 1950 erheblich. Seitdem ist sie für Pilzbefall sehr anfällig. 1967 wurde die Linde abgestützt. Obwohl der Baum seit sehr langer Zeit hohl ist, ergrünt er alle Jahre wieder aufs Neue. Der Name „Wolframslinde" erinnert an den deutschsprachigen Minnesänger Wolfram von Eschenbach (etwa 1160 – 1220). Im Jahr 1200 besuchte er die Herren von Chamerau auf der Burg Haidstein. Die Burg gehörte Frau Elisabeth von Vohburg. In seinem Versroman „Parzival" beschreibt Wolfram von Eschenbach die Schönheit der Markgräfin. Nachdem die Burg zu einem Räubernest verkommen war, wurde sie 1486 zerstört. An ihrer Stelle errichtete man eine Kapelle, die sich zu einer Wallfahrt entwickelte.

Quelle: Marita Haller, Reiseführer Böhmerwald grenzenlos, Starý most Verlag; Marita Haller, Anton Pech, Ohetaler Verlag

Wolframslinde in Ried – Foto Marita Haller

Wolframslinde vor 1930 – Foto Anton Pech, Sammlung M. Haller

Die westlichen Slawen hatten eine Linde als nationales Symbol. An der Grenze zum Nationalpark Böhmerwald an der Straße zur Ortschaft Chlistau (Chlístov) steht der lebendige Rumpf einer Linde, deren Alter auf 750 Jahre geschätzt wird.

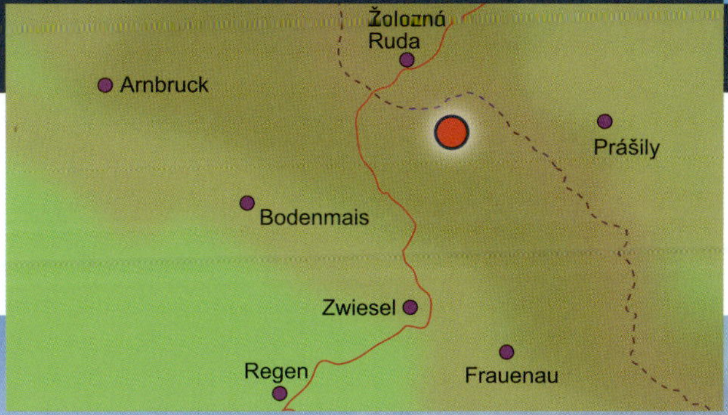

BERG FALKENSTEIN

1.000 Jahre alt

Eiben gehören zu den seltensten Bäumen im Bayerischen Wald. Diese immergrünen Pflanzen zählen zur ältesten und schattenverträglichsten Baumart Europas. Die älteste Eibe im Bayerischen Wald steht auf dem Berghang des Falkenstein, in der Nähe der Steinbachfälle. Experten schätzen das Alter dieser Eibe auf etwa 1.000 Jahre. Nur weibliche Bäume tragen Samen. Die männlichen Exemplare liefern den Blütenstaub.

Aus dem harten Holz der Eiben wurden früher Waffen hergestellt, zum Beispiel Armbrüste und Bögen. Mit Ausnahme des Fruchtfleisches der roten Beeren ist der Baum in allen Teilen hochgiftig. Ein einziger Eibenpfeil konnte ein Pferd töten. Hirsche und Elche dagegen sollen Eibennadeln unbeschadet fressen können. Im Jahr 2011 wurde die Eibe zur Giftpflanze des Jahres gewählt. In Deutschland steht sie auf der Roten Liste der gefährdeten Pflanzen.

Quelle: Informationstafel des Nationalparks Bayerischer Wald
Fotos: Marita Haller

Die älteste Eibe wächst am Hang des Falkensteins.

gr.: Falkenstein, kl.: Tafel der Nationalpark-Verwaltung

Der Falkenstein wird für einen magischen Berg gehalten. Sein Name – Stein des Falken – erinnert an eine Zeit, in der es im Böhmerwald keinen Mangel an schönen Greifvögeln gegeben hat. Zum Berggipfel führen viele Wege – der Weg, der in Zwieslerwaldhaus beginnt, zählt zu den beliebtesten.

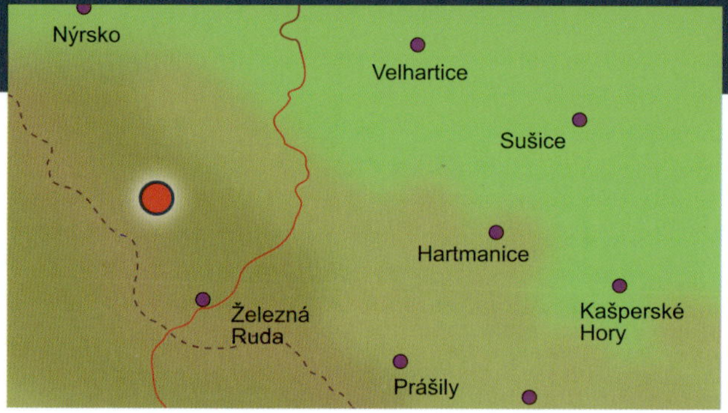

SCHWARZER SEE

4.000 Pflanzen

Das See-Brachsenkraut ist an sich in den Seen im Norden Europas heimisch. In der Tschechischen Republik wächst es nur im Schwarzen See. Das See-Brachsenkraut war in Mitteleuropa in der letzten Eiszeit weit verbreitet. Heute gedeiht es nur noch in einigen Bergseen. Es ist eine geschützte, vom Aussterben bedrohte Pflanzenart. Im See wächst es bis zu einer Tiefe von drei bis vier Metern. Die Population im Schwarzen See umfasst 4.000 erwachsene Pflanzen. Das ist interessant, weil sich das See-Brachsenkraut nicht verjüngt. Nur die erwachsenen Pflanzen überleben. Keimlinge gedeihen wegen der toxischen Aluminiumkonzentration im Wasser nicht.

Das See-Brachsenkraut hat die Zeit der starken Übersäuerung zwischen den 60er und 80er Jahren im Schwarzen See überlebt. Die Wasserqualität nähert sich nur langsam dem ursprünglichen Zustand an.

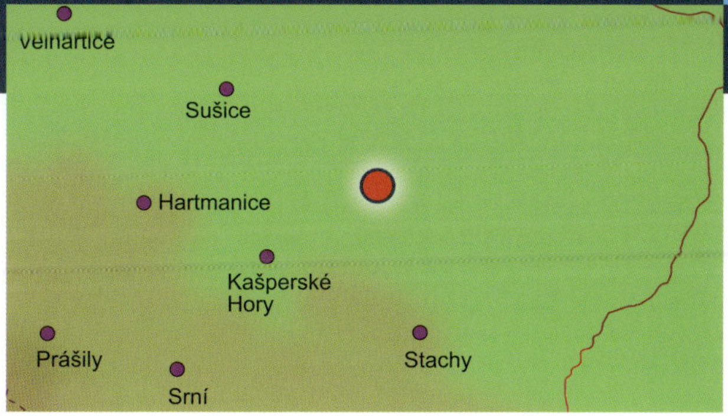

TRASCHIN

200 m

In einem ehemaligen Steinbruch etwa einen Kilometer westlich von Traschin (Strašín) liegt in der Nähe von Nesditz (Nezdice) die größte Höhle im Böhmerwald. Mitte des 19. Jahrhunderts hat man hier im Steinbruch einen natürlichen Riss in der Erde entdeckt, der immer breiter wird und schließlich zu einem Höhleneingang führt. Die Höhle ist 3 m hoch, 20 m lang und 12 m breit. An ihrem Ende ist ein See, dessen Wasserspiegel sich je nach Niederschlagsmenge verändert.

Neben dem Hauptraum liegt ein System von kleinen Gängen: sogenannte Kriechgänge, in denen man nicht aufrecht gehen kann. Alle diese unterirdischen Räume sind zusammen etwa 200 m lang, und man fühlt sich wie in einem Labyrinth. An den Kalksteinwänden sind vermutlich durch die Korrosion von Kondenswasser gleichförmige schalenartige und topfähnliche Vertiefungen entstanden. Die größte Höhle des Böhmerwalds hat so starke Limonit- oder Brauneisenschichten, dass man 1936 mit dem Abbau des eisenreichen Sediments begonnen hat. Weil der Abbau nicht rentabel war, ist die Höhle bis heute in ihrer ursprünglichen Form erhalten.

Die Grotte in Traschin (Strašín) ist die einzige größere Kalksteinhöhle im Schüttenhofener-Strakonitzer (Sušicko-Strakonický) Kalksystem. Seit 2012 ist sie gelegentlich öffentlich zugänglich.

• • GESCHICHTE

KARLSBERG

886 m NN Die Burg Karlsberg (Kašperk) diente der Verteidigung der Landwege, der Goldminen und des Handelsweges Goldener Steig von Passau nach Böhmen. Mit ihrer typischen Silhouette ist sie von Schüttenhofen (Sušice), vom Sattelberg bei Rehberg (Sedlo nad Srním) und vom Panzer (Pancíř) aus gut zu sehen. Erbauen ließ sie König Karl IV., ausgeführt wurde der Auftrag von der Königlichen Bauhütte Veits, Hedvabny genannt. Obwohl Karlsberg eine Königliche Burg war, wurde sie nicht direkt von der Königlichen Kammer verwaltet. Sie wurde an bedeutende Gläubiger als Lehen vergeben.

Auf diese Weise hat die Burg etliche Male ihre Bewohner gewechselt, bis sie schießlich 1616 als bereits verfallene Burg in den Besitz der Stadt Bergreichenstein (Kašperské Hory) kam. Der Befehl Ferdinand III. die mächtigen Mauern abzureißen, kam der Bevölkerung entgegen. Die Burg Karlsberg wurde zu Baumaterial. Erhalten geblieben sind nur die Reste des Palastes, einige Türme, Mauern und Tore. Auch heute gehören ihre Reste noch der Stadt Bergreichenstein.

Die Besucher haben zwei Wege zur Auswahl. Der Rundgang „Das Leben auf der Burg" informiert über das wirtschaftliche Leben auf der Burg. Der Rundgang „Der Bau der Burg" bietet unter anderem eine schöne Aussicht vom Westturm und den Blick auf ein einzigartiges Ziegeldach.

WEISSENSTEIN

758 m NN

Die Burgruine Weißenstein, eine Burg aus dem 11. Jahrhundert, die von den Grafen zu Bogen zur Kontrolle des Grenzweges nach Böhmen gebaut wurde, steht mit 758 m Höhe auf der höchsten Erhebung des sagenumwobenen weißen Quarzpfahls. 1740 stürzte der Südteil der schon baufällig gewordenen Burg ein. 1742 wurden die noch bestehenden Gebäude im österreichischen Erbfolgekrieg von den Panduren niedergebrannt. Nur die Amtswohnung, die Wirtschaftsgebäude und der Getreidekasten (späteres Domizil des Dichters von Vegesack) blieben erhalten. Die Burgruine mit Kräutergarten ist heute ein beliebter Ausflugsort und Aussichtspunkt. Der Quarzpfahl ist eine ökologisch sehr reichhaltige Felsformation. Er zieht sich in südöstlicher Richtung über rund 140 km Länge vom Naab-Tal in der Oberpfalz bis nahe Linz in Oberösterreich. Der schneeweiße Quarzpfahl entstand vor vielen Millionen Jahren als Folge von geologischen Prozessen im Erdinneren. Durch Verwitterung und Abtragung des ihn ummantelnden Gesteins wurde der Quarz freigelegt.

Die Ruine der Burg Weisenstein auf einer historischen Aufnahme.

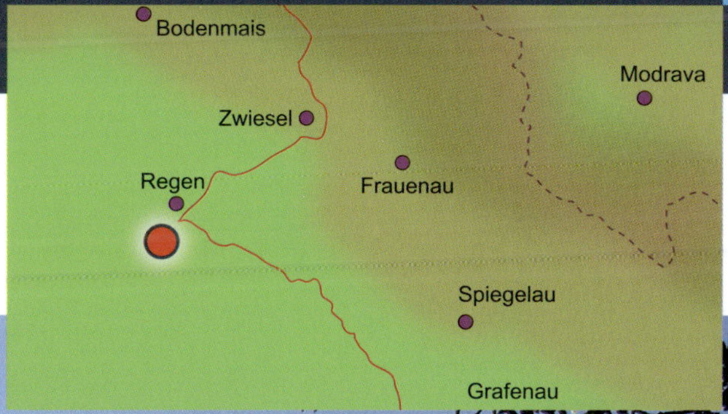

Der Quarzpfahl mit Kreuz – Foto Marita Haller

Burgruine Weißenstein – Foto Marita Haller

Die Panduren waren die Leibwache kroatischer Edelleute im 17. und 18. Jahrhundert. Die bekannteste Pandurentruppe war eine freiwillige Einheit unter dem Abenteurer Franz Freiherr von der Trenck. 1.000 Männer mit sehr schlechtem Ruf dienten der Kaiserin Maria Theresia.

BURG RABI

ca. 1 ha

In der tschechischen Geschichte ist die Burg Rabi vor allem durch eine Episode aus den Hussitenkriegen bekannt. Der Hussitenführer Jan Zizka hat hier durch einen abgebrochenen Holzsplitter ein Auge verloren. Heute ist Rabi die weitläufigste Burgruine in Böhmen. Sie liegt 478 m über dem Meeresspiegel und 9 km nordöstlich von Schüttenhofen (Sušice).

Die gotische Burg war zum Schutz des Handelsweges zwischen den Städten Schüttenhofen (Sušice) und Horaschdowitz (Horažďovice) und der reichen Goldgruben am Fluss Otava (Wottawa) errichtet worden.

Zum ersten Mal schriftlich erwähnt wurde die Burg Rabi im Jahr 1380. Sie ist aber sicher schon früher hier gestanden. Die Riesenberger (Familie Ryzmberk) erwarben die Burg im 14. Jahrhundert. Sie haben die massive Festung erweitert und Rabi zu einer der größten Festungen in Tschechien gemacht. Als Rabi an den Hussiten-Feind Jan aus Ryzmberk fiel, wurde die Burg Zielscheibe zweier Hussiten-Schlachtzüge. Im Jahre 1421 ereignete sich das Unglück mit dem Auge von Jan Žižka. Vielleicht besserte sich seine Laune, als die Burg nach der Belagerung gestürmt wurde.

Der nächste große Umbau ist Puta von Schwihau (Puta II. Švihovský) zu verdanken. Während dessen Herrschaft Ende des 15. Jahrhunderts erlebte die Burg ihre größte Blüte. Ab dem Jahr 1548 wechselten die Besitzer. 1570 wurde sie von Adam Chanovický (oder auch Chanovsky) aus Langendorf (Dlouhá Ves) gekauft. Seine Familie besaß die Burg bis ins 18. Jahrhundert. Während des Dreißigjährigen Krieges wurde die Burg Rabi durch Mansfeld´s Soldaten geplündert und verwüstet. Im Jahr 1708 hat Erzbischof Jan Filip aus Lamberg den fast nicht mehr bewohnbaren Bau gekauft. Das Burgareal war frei zugänglich und für die ganze Umgebung eine Quelle für Baumaterial. Kaiser Leopold I. befahl den Abriss der Burg, aber dazu ist es nicht gekommen. Die Lambergs haben 1920 die Ruine schließlich dem „Verein zum Erhalt künstlerischer und historischer Sehenswürdigkeiten im Böhmerwald" geschenkt. Seit 1954 ist die Burg im staatlichen Besitz. 1978 wurde sie ein nationales Kulturdenkmal. Der Kern der Burg ist ein 26 m hoher Donjon mit einem rechteckigen Grundriss. Ein Donjon ist der zentrale Wohnturm einer mittelalterlichen Burg. Der Wohnturm der Burg Rabi stammt aus dem 12. oder 13. Jahrhundert.

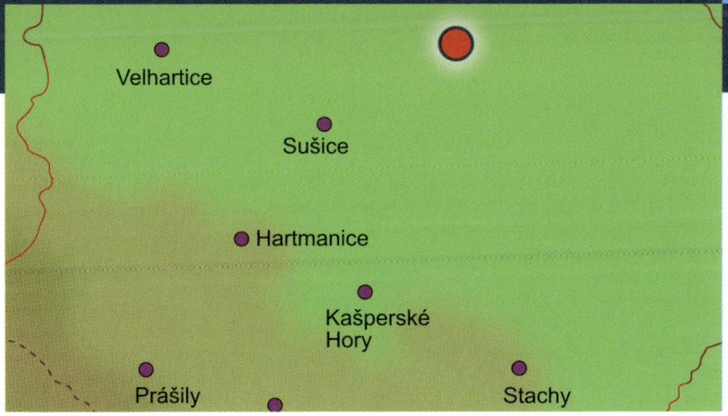

Prag – Rabi 124 km
Pilsen – Rabi 69 km
Budweis – Rabi 84 km
Passau – Rabi 134 km

ALTNUSSBERG

240 x 80 m

Die Burgruine Altnußberg in der Gemeinde Geiersthal ist die größte mittelalterliche Burganlage im Bayerischen Wald. Es war die Stammburg des angesehenen Rittergeschlechts der Nußberger, Dienstleute der Grafen von Bogen. Die erste nachweisbare Erwähnung der „Nußbacher" im Tal des Nußbaches war im Jahr 1125. Sie errichteten ihre Burg auf dem Nußberg oberhalb des Dorfes Nußbach, später Altnußberg. In den Jahren 1983 bis 1999 wurde ein Teil der Überreste freigelegt und touristisch erschlossen. Man fand noch Wände bis zu 3,80 m Höhe und 2,50 m Dicke.

Die gesamte Anlage aus dem 12. Jahrhundert besaß eine Länge von 240 m und eine Breite von 80 m. Altnußberg war eine Doppelburg. Bisher wurde nur der südliche, damals selbständige Teil der Burg ausgegraben. Dieser Burgteil bestand aus einer Oberburg und einer Unterburg.

Die graphische Rekonstruktion der ursprünglichen Form der Burg

Ruinen der Burganlage

Die Unterburg umfasste die äußeren Wehrmauern, die Sicherungstürme, die Stallungen, die Gesindehäuser, den großen Hof und das große Burgtor. In einem Eckturm wurde der Eingang zu einem unterirdischen Fluchtweg ins Dorf entdeckt. Er war 90 cm hoch und 40 cm breit.

Die obere Burg war von einer Zwingeranlage umgeben. Sie bestand aus dem fünfeckigen Bergfried, heute Aussichtsturm (Höhe nach Wiederaufbau 23 m; früher höher), dem Palas, einem Kemenatengebäude, der Burgkapelle, der Zisterne und dem Zwinger, dem ein Brennofen vorgelagert war. Es stellte sich heraus, dass eine starke Wehrmauer beide Burgen seinerzeit miteinander verbunden hat.

Funde lassen vermuten, dass der Zwingerraum an der Nordseite des Palas seinerzeit als Mülldeponie benutzt wurde. In dem heutigen Burgmuseum können die Fundstücke besichtigt werden. Auf der Burganlage werden regelmäßig Führungen angeboten.

Quelle und Grafik: Förderverein der Freunde und Gönner der Burgruine Altnussberg e.V., „Altnussberg – eine Burgruine im Bayerischen Wald"; Fotos: Marita Haller

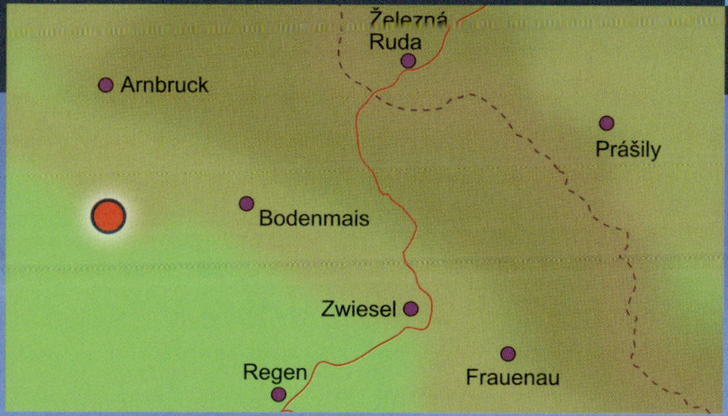

Ritterrüstung im Burgmuseum

Neu gebauter Turm Altnußberg

Der Erholungsort Geiersthal liegt im idyllischen Tal zwischen Viechtach und Bodenmais. Im Museum der Burg sind Ausgrabungen und Funde ausgestellt, unter anderem auch venezianisches Glas. Der ehemalige Burgturm dient heute als Aussichtsturm.

WITTINGHAUSEN

1.035 m NN

Wittinghausen (Vítkův Kámen) war früher eine Grenzfestung. Heute wird die Burgruine als Aussichtsturm genützt, von dem aus man nicht nur den Böhmerwald, den Moldaustausee und das Gratzener Bergland (Novohradské Hory) sehen kann, sondern bei schönem Wetter auch die Alpen. Wittinghausen, manchmal auch Wittigstein genannt, wurde Mitte des 13. Jahrhunderts von Witiko von Nitscheratz (Vítek aus Načeradce) aus dem Geschlecht der Wittigonen gegründet. Die Burg diente nicht nur der Verteidigung der Grenze, sie war auch Verwaltungszentrum. 1302 kam sie in den Besitz der Rosenberger, die sie bis ins 17. Jahrhundert hinein besaßen. König Vaclav IV. hat hier auf seiner unfreiwilligen Reise nach Österreich als Gefangener des Markgrafen Jost von Mähren (Jošt Moravský) übernachtet. Später gehörte die Burg dem Geschlecht der Eggenberger, die sie wiederum 1719 an die Schwarzenberger vererbten. Die Burg war bis in die Mitte des 18. Jahrhunderts bewohnt, dann ist sie ausgebrannt. Der älteste erhaltene Teil ist der viereckige Turm, der schon in der Zwischenkriegszeit als Aussichtsturm genutzt wurde. Die Burg ist Schauplatz des Romans „Witiko" von Adalbert Stifter.

1998 wurde der Verein „Vítkův Hrádek" gegündet, der sich dem Wiederaufbau der Burg widmet. Die Burg ist einen halben Kilometer von der Siedlung Svatý Tomáš (Heiliger Thomas) entfernt.

Historische Aufnahme von Wittinghausen

Wittinghausen, mit Blick auf den Moldaustausee

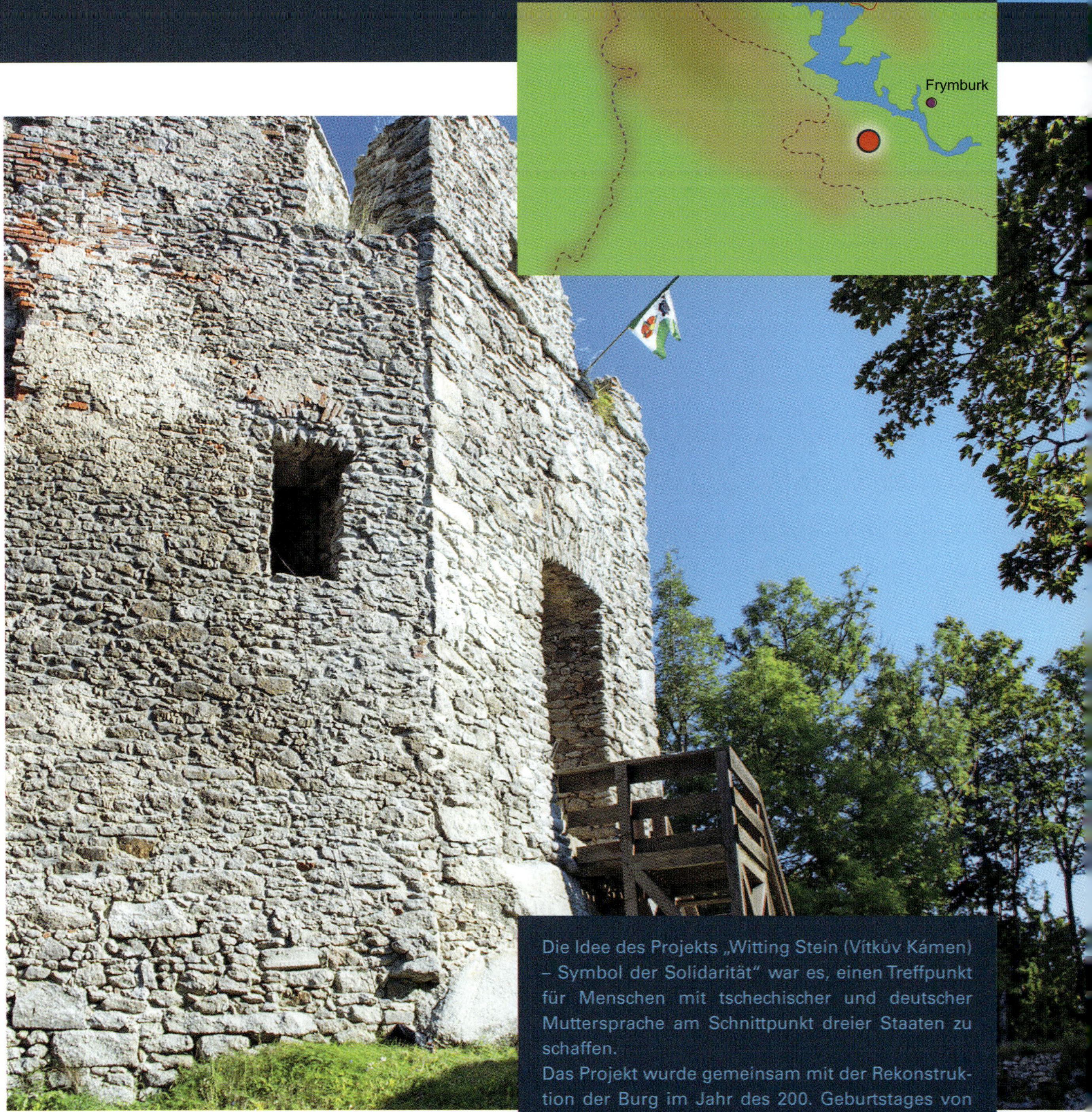

Die Idee des Projekts „Witting Stein (Vítkův Kámen) – Symbol der Solidarität" war es, einen Treffpunkt für Menschen mit tschechischer und deutscher Muttersprache am Schnittpunkt dreier Staaten zu schaffen.

Das Projekt wurde gemeinsam mit der Rekonstruktion der Burg im Jahr des 200. Geburtstages von Adalbert Stifter abgeschlossen.

LINZER STEIG

10. Jahrhundert Erste schriftliche Überlieferungen über den Linzer Steig stammen aus den Jahren 903 – 907. Der Linzer Steig ist damit wohl älter als der viel bekanntere Goldene Steig von Passau nach Prachatitz (Prachatice). Über den Linzer Steig wurde schon im Mittelalter Salz aus Österreich in den Böhmerwald eingeführt. Es folgten Tücher, Leinen, Seide, Waffen, Wein, Fisch, südländisches Obst, Kräuter aus den Mittelmeerländern und sogar Sklaven.

Der Linzer Steig hat in der Geschichte einige Male seinen Verlauf geändert und hat sich verzweigt. Die Hauptroute führte jedoch immer aus Linz über Leonfelden und Kaltenbrunn (Studánky) nach Hohenfurth (Vyšší Brod), Ottau (Zátoň), Priethal (Přídolí) und weiter nach Krumau (Český Krumlov). Von hier aus ging es weiter über Nettolitz (Netolice) und Pisek (Písek) nach Prag (Praha).

Am Weg lagen kleinere und größere Burgen, Handelsorte und Märkte. Der Handel hat wesentlich zur Entwicklung dieses Gebiets beigetragen. Heute ist von dem einst florierenden Steig fast nichts mehr übrig geblieben. Nur einige Schluchten im Gelände – zum Beispiel am Lhenicko um Elhenitz bei der Ortschaft Woditz (Vodice) – sind ein Beweis für den Verlauf des ersten Handelsweges, auf dem der Reichtum aus Österreich nach Böhmen floss.

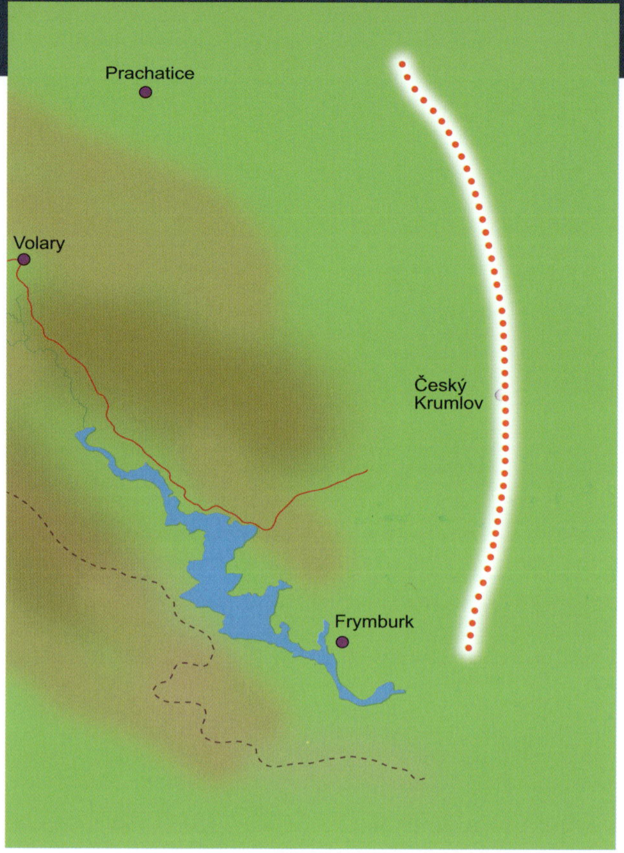

Der älteste Handelsweg im Böhmerwald trug den Namen der Hauptstadt des österreichischen Bundeslandes Oberösterreich. Linz liegt am Ufer der Donau und ist die drittgrößte Stadt Österreichs.

GOLDENER STEIG

Ab 14. Jh. drei Hauptrouten

Der Steig, der Böhmen mit dem deutschen Gebiet an der Donau verband, gehörte seinerzeit zu den bedeutendsten Handelswegen in Europa. Sein Anteil am Reichtum einiger Städte entlang des Steiges und am regen Handel zwischen Deutschland und Tschechien war gravierend. Man nannte ihn den „Salzsteig", den „Passauer Steig" oder aber den „Prachatitzer Steig"…

Die Ausstellung des Museums in Prachatitz.

Im 16. Jahrhundert bekam er endlich den Namen, der seine Bedeutung am besten ausdrückt: „Goldener Steig". Heute sind von ihm nur noch einige Spuren im Gelände übrig geblieben.

Wege über die Höhen des Böhmerwaldes gab es schon im Mittelalter. Erstmals erwähnt wurde der Weg zwischen Bayern und Böhmen Anfang des 11. Jahrhunderts, als der römische König Heinrich II (Jindřich II.) dem Kloster Niedernburg in Passau die Maut für den Weg nach Böhmen schenkte. Der ursprüngliche Weg des Goldenen Steigs führte von Passau nach Prachatitz. Im Laufe der Zeit wurde der Steig erweitert und ab dem 14. Jahrhundert bildeten sich drei Hauptrouten:

Der „untere" Goldene Steig führte von Passau über Waldkirchen, Böhmisch-Röhren (České Žleby), Wallern (Volary) und Plachetschlag (Blažejovice) nach Prachatitz (Prachatice).

Der „mittlere" Steig führte von Passau über Kuschwarda (Strážný), Obermoldau (Horní Vltavice) nach Winterberg (Vimperk).

Und der „obere" Goldene Steig führte von Passau über Finsterau, Außergefild (Kvilda), und Haidl (Zhůří) nach Bergreichenstein (Kašperské Hory).

Salz war das Haupthandelsprodukt und in Böhmen heiß begehrt. Das Salz wurde aus den Salzbergwerken in den Alpen auf dem Wasserweg nach Passau gebracht. Dort wurde es auf Pferde umgeladen. Neben Salz hat man Waffen, teure Stoffe, Kräuter und Wein nach Böhmen gebracht. Auf dem Rückweg trugen die Pferde Getreide, Malz, Honig und Hopfen. Ein Säumerpferd transportierte bis 180 kg. Anfang des 18. Jahrhunderts wurde der Handel auf dem Goldenen Steig ruhiger. Nur der Winterberger Steig, der dem Ausbau des Straßennetzes diente,

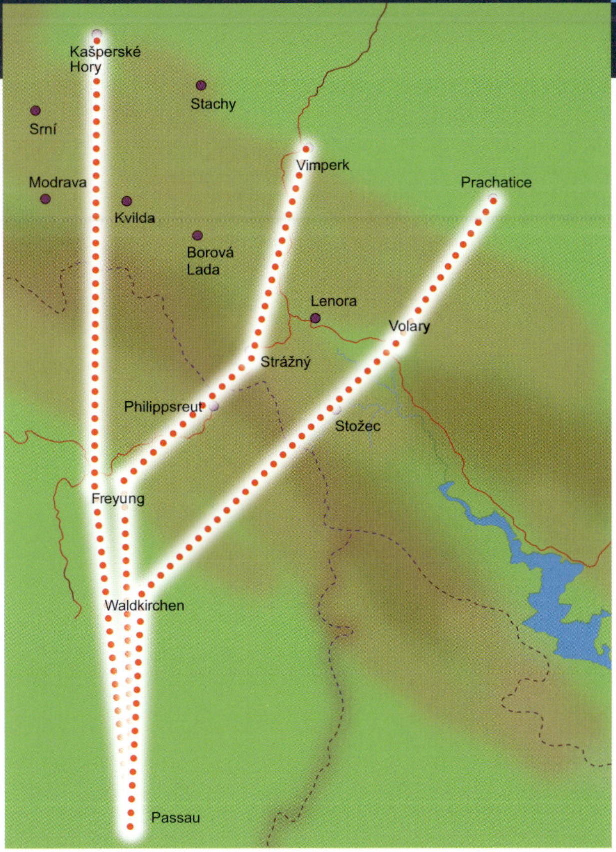

wurde noch benutzt. Bis heute folgt die internationale Straße nach Deutschland über Kuschwarda (Strážný) dem „Goldenen Steig". Von den übrigen Steigen sind nur noch die Spuren tiefer Schluchten bei Innergefild (Horská Kvilda), Haidl (Zhuri), Flusshaus (Flusárna) und Klein Ziegenruck (Kozí Hřbet) übrig geblieben.

Die Geschichte des „Goldenen Steigs" wird in der neuen Ausstellung im Prachatitzer Museum (Prachatické muzeum) gezeigt. Hauptattraktion im pädagogischen Teil ist ein Touchscreen-Modell des Goldenen Steigs. Im anderen Teil zeigen lebensnahe Figuren, wie das Salz aus den Bergwerken in den Alpen in den Böhmerwald gebracht wurde.

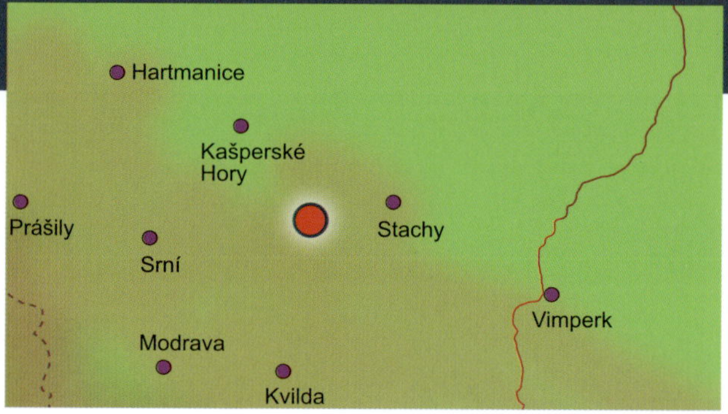

RIESENBURG

980 m NN

Auf dem bewaldeten Kamm des Gipfels Valy (1.010 m NN) findet man die Überreste einer prähistorischen Burganlage. Es handelt sich dabei um Riesenburg (Obří Hrad) – die höchstgelegene keltische Burganlage in ganz Tschechien. Sie steht auf einem Felsvorsprung 940 – 980 m NN unweit der Siedlung Reckeberg (Popelná).

Ursprünglich wurden von hier aus die Fundorte von Gold überwacht. Weil sie so abgelegen ist, ist die Burganlage bis heute gut erhalten. Ihr Grundriss misst 370 x 80 m. Die Wälle sind noch gut erkennbar. Sie wurden aus exakt aufeinander gestapelten Steinen gebaut, die die Kelten auf den umliegenden Geröllfeldern gefunden haben.

Riesenburg zählt laut Historikern zu den ältesten Bauwerken Tschechiens. Die Burganlage war 2,6 ha groß, 1,9 ha davon allein der Burghof. Erste archäologische Funde stammen aus der Hallstatt-Zeit. Eine dauerhafte Besiedlung konnte aber nicht nachgewiesen werden.

Experten meinen, dass Riesenburg keine Siedlung, sondern ein heiliger Ort war. Die archäologischen Funde kann man im Schüttenhofener Museum besichtigen.

Drei Info-Tafeln erklären die Geschichte der Besiedlung des Böhmerwaldes durch die Kelten. Der Parkplatz bei Reckeberg ist Ausgangspunkt für einen 1,5 km langen Wanderweg.

Zur Burganlage gelangt man von Nitzau (Nicov) kommend, indem man der blauen oder der gelben Markierung von Reckeberg (Popelná) aus folgt. Die rote Markierung führt von Bergreichenstein (Kašperské Hory) und von Churanow (Churáňov) aus nach Riesenburg (Obří Hrad).

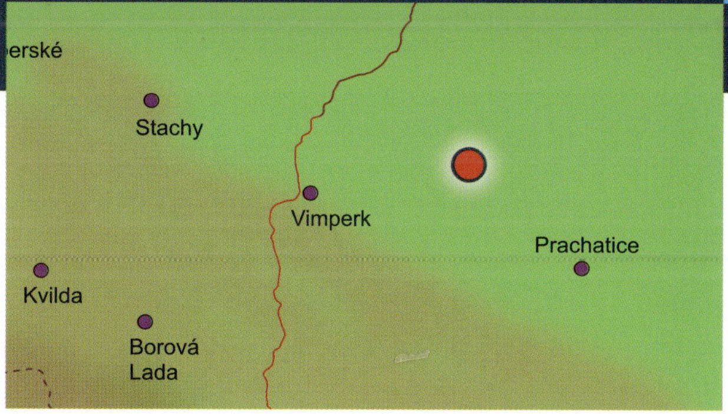

WIENETZ BEI ELTSCHOWITZ

Umfang der Festung 529 m

Wienetz (Věnec) liegt am südwestlichen Gipfel des Przmo-Massivs oberhalb des Wollinka-Tales (Volyňka) in 765 m Seehöhe. Der felsige Gipfel ist drei Kilometer von Eltschowitz (Lčovice) und sechs Kilometer von Malenitz (Malenice) entfernt. Die Spuren der keltischen Burganlage sind auf diesem Gipfel bis heute erhalten geblieben. Sie gehört zu den weitläufigsten und höchstgelegenen Burganlagen der Tschechischen Republik. Die Burganlage Wienetz war mit ihrem mächtigen Burgwall vermutlich das Machtzentrum der späten Hallstattzeit. Von hier aus wurde das gesamte Tal verwaltet und der Handelsweg von und nach Österreich beschützt.

Die Burganlage hat einen dreieckigen Grundriss. Sie besteht aus der Akropolis und zwei Vorburgen und hat insgesamt eine Fläche von 8 ha.

Auf Wienetz wurden viele Funde aus der Zeit 6. und 5. Jahrhundert v. Chr. entdeckt. Dazwischen wurden große Mengen an Keramik, Steinmühlen und ein Teil eines prächtigen Bronzegürtels gefunden.

In den Böhmerwald kamen die ersten Kelten in den Jahren nach 400 v. Chr., als im Vorland der Boja-Stamm siedelte. Manche Kelten stießen weiter in die damals undurchdringlichen Wälder vor und es entstanden dort zahlreiche Burganlagen.

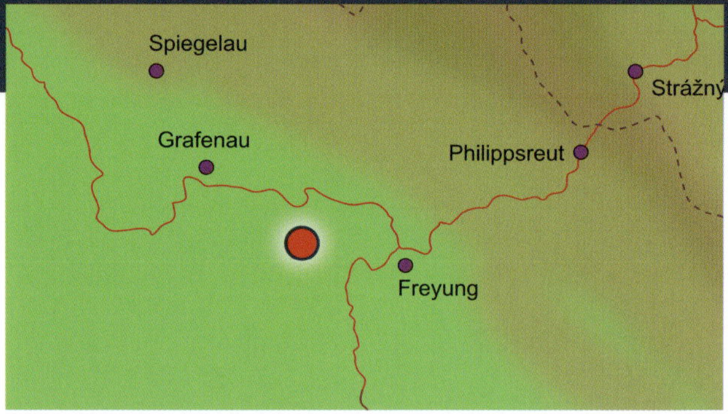

GABRETA

800 vor Christus

Seit der Landwirt Paul Freund Relikte der späten Keltenzeit am Fuße des Hügels bei dem kleinen Dorf Lichtenau gefunden hat, kann man sicher sagen, dass die Kelten auch den Bayerischen Wald durchstreift haben. Dieser Fund veranlasste den leidenschaftlichen Sammler vorgeschichtlicher Scherben dazu, in der Nähe der Fundstelle das Keltendorf „Gabreta" nach alten Überlieferungen nachzustellen. Heute zählt das Keltendorf zu den touristischen Attraktionen im Bayerischen Wald.

An vielen Stationen kann der Besucher mit allen Sinnen erleben, wie die Kelten gelebt haben. Es gibt zum Beispiel einen historischen Eichenhain, eine Kultstätte, die eine magische Kraft erahnen lässt. Nachbauen ließ Paul Freund einen Grabhügel, einen Umgangstempel, eine Töpferei, eine Weberei und einen Backofen. In verschiedenen Keltenhäusern erfährt man, wie die Kelten eingerichtet waren. Der Besucher entdeckt auch einen Stall mit Schweinen, Schafen und Pferden. Im Kräutergarten erfährt er, mit welchen Kräutern die Kelten würzten. Landwirtschaftliche Gerätschaften geben Auskunft über die Ackerbewirtschaftung.

Im Keltendorf werden für die gesamte Familie auch Aktionstage angeboten, die das Alltagsleben der Kelten beleuchten. Die Besucher können dann Mehl mahlen, Brot backen, Bogen schießen, filzen, Leder bearbeiten, Stoff bedrucken, Keltenschmuck basteln, töpfern, schmieden, mit Seifenkraut waschen, den Acker bearbeiten oder sogar eine Lehmhütte bauen. Bei den Keltenfesten Beltane (Mai), Lugnasad (August) und Samhain (Oktober) kommen aus ganz Europa „Kelten" nach Gabreta und entführen die Besucher in die Vergangenheit von 800 vor Christus bis zur Zeitenwende. Veranstaltungen wie die "Nacht der Trommeln" bereichern zudem das Erlebnisland der Kelten.

Aber auch im Landkreis Regen fand man keltische Plätze. Zum Beispiel weist ein rätselhafter Schalenstein (steinerne Schüssel) an exponierter, felsiger Aussichtsstelle bei der Kesselbodenkapelle (alte Wallfahrt) in Igleinsberg bei Prackenbach darauf hin. Das Besondere an diesem Schalenstein ist, dass er mit Runen (altgermanischen Schriftzeichen) versehen ist. Eine der Runen wurde mit „fester Besitz" gedeutet, die andere „für Frauen verboten". Zwei weitere Opfersteine fand man in Schwibleinsberg bei Schönau. Von ihnen aus kann man den Arber sehen und das Regental überblicken.

Quelle: Keltendorf Gabreta
Fotos Marita Haller

Den Böhmerwald, den Bayerischen Wald und den Oberpfälzer Wald nannten die Kelten Gabreta hylé (Steinbockwald).

HEILIGER GUNTHER

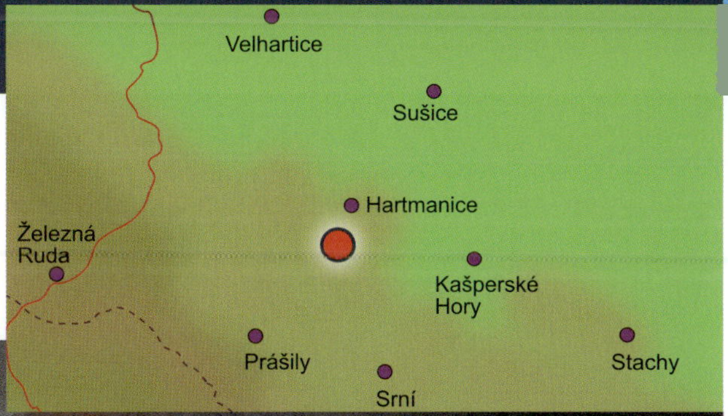

11. Jahrhundert

Der älteste Böhmerwäldler, der in historischen Quellen namentlich erwähnt wird, ist der Benediktinermönch Gunther. Er lebte in der Zeit von 1040 – 1045 in einer Einsiedelei am Hang des Berges Pürstling oberhalb des heutigen Oberplan. An der Stelle seiner Klause wurde später eine Kapelle gebaut, die jedoch in den 1950er Jahren zerstört wurde. Im Jahr 1992 wurde sie erneuert.

Gunther hatte ein interessantes und dramatisches Leben. Mönch wurde er erst im Alter von 50 Jahren. Davor hatte er als reicher Edelmann gelebt. Nach einer Begegnung mit dem Abt des Klosters Niederaltaich entschied er sich für das Mönchtum. Er begann im Jahr 1006 als Novize, verließ aber dann das Kloster und ging als Einsiedler in die Urwälder auf der bayerischen Seite. Gunther gründete den Gunthersteig vom Kloster Niederaltaich nach Böhmen. Dieser Weg führte über Rinchnach, Zwiesel, Steindlberg (Zdanidla), Hohenstegen (Vysoke Lavky), Gutwasser (Dobrou Vodu), Hartmanitz (Hartmanice) und Schüttenhofen (Susici) ins Landesinnere. An diesem Steig unterhalb des Pürstling (Březník) lag die Einsiedelei.

Kapelle des heiligen Gunther unterhalb des Pürstling-Gipfels

Bild des heiligen Gunther, das im Böhmerwald-Museum in Bergreichenstein (Kašperské Hory) aufbewahrt ist.

Der Mönch Gunther war ein erfolgreicher Diplomat. Er wurde oft beauftragt, zwischen dem deutschen und dem tschechischen Herrscher zu vermitteln.

Gunther starb mit neunzig Jahren in seiner Klause. Vor seinem Tod besuchte ihn der böhmische Fürst Bretislav. Der Mönch ist am Klosterfriedhof in Breunau (Brevnov) beerdigt. Seine Überreste wurden während der Hussitenkriege von den Hussiten zerstreut.

Kapelle auf historischer Ansichtskarte

Gasthaus

PHILLIPSHÜTTE

1.093 m NN

Im Tal am Phillipshütter Bach erstreckt sich am Südhang des Antigelberges (Sokol) die höchstgelegene Siedlung der Tschechischen Republik, Phillipshütte (Filipova Huť). Kenner des Böhmerwaldes bezeichnen Phillipshütte als die Stelle, von der man von der tschechischen Seite aus den schönsten Ausblick auf den Rachel hat. Wie der Name schon verrät, entstand die Siedlung um eine Glashütte, die 1785 gemeinsam von Franz Denk und Franz Weber aus Schlösselwald (Horní Hrádky) gegründet wurde. Damals haben sich die Anwohner noch von der Waldarbeit ernährt, in der Nähe verläuft der Vchynice-Tetov (vchynicko-tetovský) Schwemmkanal. Die Glashütte entstand im Jahr 1820. Heute lebt Phillipshütte vor allem vom Tourismus. Hier kreuzen sich touristische Routen, Radwege und Langlaufloipen. Phillipshütte ist Ausgangspunkt für Wanderungen mit den Zielen Außergefild (Kvilda), Mittagsberg (Poledník) und Pürstling (Březník).

Ein einzigartiges Kulturdenkmal ist das ländliche Anwesen Hausnummer 16. Es hat eine erhöhte Auffahrt zur Scheune. Das ist in Tschechien nur noch selten erhalten.

Das berühmte Panorama von Phillipshütte mit dem Rachelgipfel.

Ein einzigartiges Denkmal der Volksarchitektur.

Prag – Phillipshütte 166 km
Pilsen – Phillipshütte 108 km
Budweis – Phillipshütte 86 km
Passau – Phillipshütte 92 km

WALDHÄUSER

1.034 m NN

Die Streusiedlung Waldhäuser, ein Ortsteil von Neuschönau, ist mit 923 bis 1034 m über dem Meeresspiegel das höchste Dorf im Bayerischen Wald. Es ist Ausgangspunkt für viele schöne Wanderungen, zum Beispiel auf den Lusen. An klaren Tagen kann der Bergwanderer einen herrlichen Blick bis zu den Alpen genießen.

Waldhäuser hat schon immer Naturliebhaber und Kunstschaffende in seinen Bann gezogen. Reinhold Koeppel war 1906 der erste Künstler (1887–1950), der hier als „Maler des Waldes“ sein Domizil aufgeschlagen hat. 1946 gründete er die Künstler-Vereinigung „Donau-Wald-Gruppe“. Ihm folgten die Maler Hermann Erbe-Vogel, Alfred Kubin, Hajo Blach und der Maler und Bildhauer Heinz Theuerjahr (1913–1991). Im Jahr 2005 wurde zum Gedenken an den bekannten Künstler Theuerjahr der frei zugängliche Skulpturen-Garten „Arche Heinz Theuerjahr“ angelegt.

Waldhäuser verdankt seine Entstehung dem Salzhandelsweg von Grafenau über St. Oswald und Pürstling nach Bergreichenstein in Tschechien. Im Jahr 1613 wurde unmittelbar oberhalb des heutigen Ortes Waldhäuser ein Rasthaus für Salzsäumer gebaut. Nachdem dieses nicht mehr ausreichte, wurde es weiter unten neu errichtet. Es war das erste Haus der Siedlung Waldhäuser. Die Bewohner mussten sich dazu verpflichten, den Handelsweg in Ordnung zu halten und die Salzhändler zu verpflegen und übernachten zu lassen. Die Siedler stellten Teller, Gabeln, Schaufeln, Siebzargen und andere Holzbitzlerarbeiten her. Auch das Sammeln von Ameiseneiern und die Anfertigung von Zunderhauben aus Baumschwämmen gehörten zu ihren Gewerben. Ein imposanter ehemaliger Bauernhof von 1819, gleich gegenüber der Jugendherberge „Ameishof“, ist der letzte Zeuge des vergangenen Salzhandels nach Böhmen.

Quelle: Marita Haller, Böhmerwald grenzenlos, Starý most Verlag, Pilsen

Blick auf Waldhäuser am Lusenhang
r.o. Der imposante Ameishof – Fotos Marita Haller

Prag – Waldhäuser 194 km
Pilsen – Waldhäuser 101 km
Budweis – Waldhäuser 235 km
Passau – Waldhäuser 152 km

RACHEL-FORSTHAUS UND RACHEL-HÜTTE

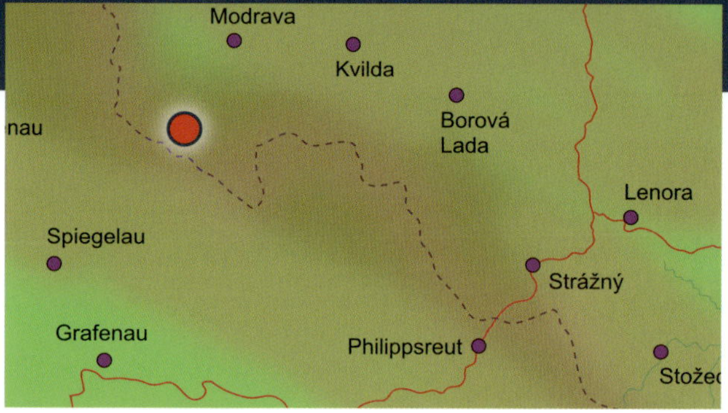

2.5 Stunden Wegstrecke

Das Rachel-Forsthaus und die nahe Rachel-Hütte waren die abgelegensten Orte im Böhmerwald. Wegen des harten Klimas und der großen Entfernung zu den nächsten Siedlungen konnten hier nur extrem widerstandsfähige Menschen überleben. Das Gebiet gehört zu den regenreichsten im Böhmerwald und der Schnee lag hier früher von Oktober bis Mai. Man konnte deshalb hier weder Kartoffeln noch Getreide anbauen. Lebensmittel musste man bei gutem Wetter in einem zweieinhalb Stunden dauernden Fußmarsch aus Mader (Modrava) holen. Das Forsthaus stand in der Nähe der Talsperre Rachelbach am Fuß des Bärenbergs (Medvědí hora). Die ersten Touristen, die hier übernachteten, mussten mit der „unbedingt nötigen Erfrischung" vorlieb nehmen. Karel Klostermann hat das Forsthaus in seinen 1890 auf Deutsch erschienenen „Böhmerwaldskizzen" erwähnt. Heute steht das Forsthaus nicht mehr. Es wurde in den 60er Jahren des vergangenen Jahrhunderts abgerissen, weil es vom Hausschwamm befallen war.

Die Rachel-Hütte (Staatliches Forsthaus) liegt 1.173 m hoch

Die 1936 vom Verein „Tschechische Touristen" erbaute Rachel-Hütte steht immer noch. Sie war und ist Ausgangspunkt für Touren auf den Rachel oder zum Mader-Filz. In der ersten Republik kreuzten sich bei der Rachel-Hütte Wanderrouten und Langlaufloipen und sie war ein beliebter Ausgangspunkt für Wanderungen auf den 1453 m hohen Großen Rachel. Es gab nur eine bescheidene Unterkunftsmöglichkeit, aber wegen der hier herrschenden Gastfreundschaft und der guten Küche war sie berühmt. Vor allem Palatschinken, gebackene Forellen und das Protiwin-Bier (Protivínské pivo) wurden gerühmt.
Während des Kalten Krieges stand die Rachel-Hütte direkt an der Grenze und war nicht erreichbar. In der Nähe wurde eine Grenzstation Rachel gebaut, von der heute nur noch die Grundrisse erhalten sind. Weil sie im gesperrten Gebiet des Nationalparks liegt, ist sie aber für gewöhnliche Besucher unerreichbar.

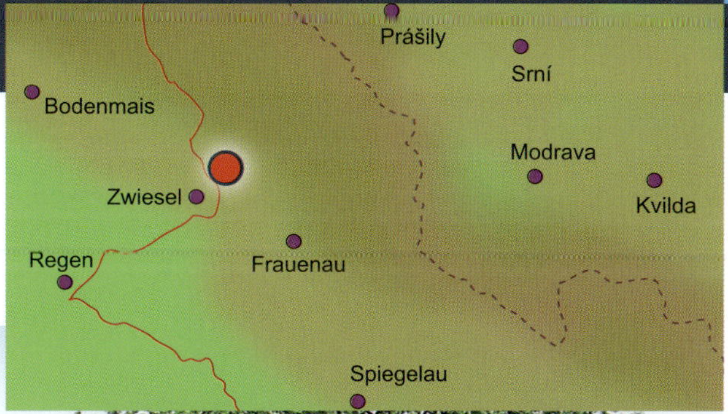

BAUERNHAUSMUSEUM LINDBERG

Beginn 16. Jahrhundert

Ein uralter Bauernhofkomplex mitten in einem Dorf, das ist eine echte Seltenheit. Das Bauernhausmuseum in Lindberg ist das einzige Bauernhausmuseum im Bayerischen Wald, das an seinem ursprünglichen, Jahrhunderte alten Standort besucht werden kann.

Die erste namentliche Erwähnung eines Hofbesitzers stammt vom Ende des 16. Jahrhunderts. Im Grundbuch von 1582 ist ein Adam Neuburger als Hofbesitzer eingetragen. Er war jedoch nicht der erste Hofbesitzer. Es wird vermutet, dass er den Hof zwischen 1569 und 1582 gekauft hat. Das Inhaus, das heutige Gasthaus „Bärenhöhle", wurde etwa um 1600 errichtet. Das Gebäude war zunächst jedoch viel kleiner als heute. In den 400 Jahren, von 1575 bis 1975, dem Jahr der Museumseröffnung durch den ehemaligen Bundestagsabgeordneten Franz Handlos, hat das Hauptgebäude insgesamt 17 Mal den Besitzer gewechselt. Der ehemalige Bauernhof ist ein fast quadratischer Holzbau mit den Außenmaßen 11,76 m x 11,65 m. Die Wände sind aus behauenen Stämmen, die in Blockbauweise zusammengefügt wurden und 16 cm bis 20 cm stark sind. Das heutige Museum besteht aus 10 Ausstellungsräumen: vier im Erdgeschoss, vier im Obergeschoss, plus der Speicher über dem Stall und der angebaute Stall selbst. Besichtigt werden können die „Flez" (Hausflur), die Rußkuchel (Küche), die gute Stube (Wohnraum), die Schlafkammer, die Speis (Speisekammer), die Gesindekammern, der Boden mit landwirtschaftlichen Geräten und der Stall.

Die Kapelle auf dem Museumsgelände ist eine der letzten Holzkapellen im Bayerischen Wald. Es ist das einzige Gebäude auf diesem Gelände, das umgesetzt wurde. Die Kapelle stand ursprünglich in Hermannsried bei Bischofsmais. Der Überlieferung nach wurde sie aus einem einzigen, mächtigen Baumstamm gezimmert. Im Rahmen des Europäischen Denkmalschutzjahres ließ Franz Handlos die Kapelle am 12. Februar 1975 auf einem Tieflader nach Lindberg transportieren.

Nach dem Tod von Franz Handlos im Jahr 2013 bemüht sich nun der Dorfverein Lindberg um den Erhalt des Gebäudekomplexes.

Quelle: Ingeborg Seyfert, Das Bauernhausmuseum Lindberg
Fotos aktuell: Marita Haller, Foto historisch: Franz Handlos (+)

BERGREICHENSTEIN

739 m NN

Zur Wende 13. / 14. Jahrhundert wurden das Obere und das Untere Reichenstein (Horní und Dolní Doly Rejštejnské) gegründet. Der Name kommt aus dem Deutschen „am reichen Stein". Später wurden sie auf Bergreichenstein (Kašperské Hory) umbenannt und im Jahr 1584 zur Königlichen Oberen Stadt ernannt. Bergreichenstein war das Zentrum eines reichen, Gold bringenden Bezirks, dem zweitgrößten in Tschechien. 37 Bergwerke waren hier in Betrieb und durch die Stadt führte eine der Routen des Goldenen Steigs von Bayern nach Böhmen. Viele wertvolle Sehenswürdigkeiten sind noch heute erhalten und zeigen den Reichtum dieser Stadt in der Vergangenheit. Das Renaissance-Rathaus wurde 1597 erbaut und ist durch den Umbau von drei Häusern am Stadtplatz entstanden.

In der Stadt stehen drei Kirchen:
In der Mitte des Stadtplatzes steht die Dekan Kirche der Heiligen Margaretha (Heilegen Markéta) aus der zweiten Hälfte des 14. Jahrhunderts.
Die Friedhofskirche des Heiligen Nikolaus (Mikuláš) ist eines der bedeutendsten Beispiele der frühen mittelalterlichen Architektur in Westböhmen. Sie wurde im Jahr 1330 erbaut.
Am Weg zum Amaliatal (Amálino údolí) steht die Wallfahrtskirche der Jungfrau Maria vom Schnee. Sie wurde in den Jahren 1850 – 1867 erbaut.
Wertvolle Sehenswürdigkeiten sind auch die Bürgerhäuser Nr. 11 und 17 am Stadtplatz.
Der Goldbergbau wurde in Bergreichenstein im Jahre 1777 beendet. Der ursprüngliche Prunk und Erfolg sind nicht mehr zurückgekehrt.

Das Renaissance-Rathaus in Bergreichenstein (Kašperské Hory)

Die Kirche der Heiligen Margaretha (Markéta) am Stadtplatz in Bergreichenstein.

Prag – Bergreichenstein 148 km
Pilsen – Bergreichenstein 90 km
Budweis – Bergreichenstein 83 km
Passau – Bergreichenstein 102 km

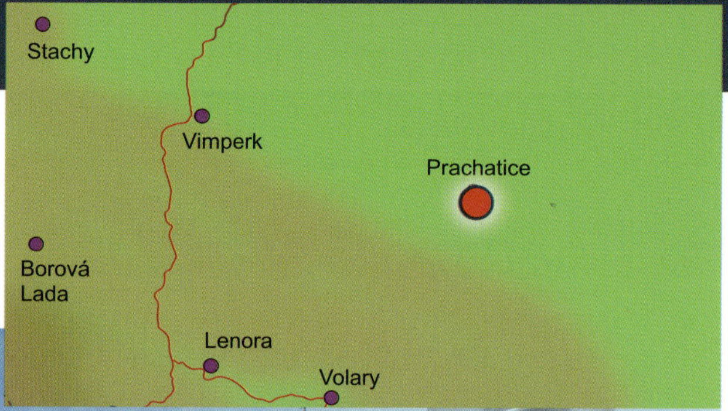

PRACHATITZ

1571 Einer der Schätze der tschechischen Architektur der Renaissance steht in der südwestlichen Ecke des Großen Hauptplatzes in Prachatitz.

Das alte Rathaus – ein dreigeschossiger Bau mit Palais-Charakter, einem Satteldach und zwei kurzen Seitenflügeln – wurde in den Jahren 1570 und 1571 erbaut, wahrscheinlich an der Stelle des ursprünglichen Rosenberger (rožmberský) Palastes. Es ist eine Erinnerung an die Blütezeit der Stadt während des regen Handelsverkehrs am Goldenen Steig. Bis zum großen Brand der Stadt im Jahr 1832 hatte das Rathaus ein hohes Walmdach mit einem Uhrtürmchen an der Frontwand.

Im Jahr 1850 wurde das Gebäude dem Staat übergeben, der darin das Kreisgericht unterbrachte. Später wurde das Gefängnis angebaut. Der Bau wurde 1872 beendet. Von 1904 – 1940 war im rechten Teil des Erdgeschosses das städtische Museum untergebracht. Nachdem im Jahr 1974 das Kreisgericht ausgezogen ist, diente das Gebäude als Sitz des Bezirksnationalausschusses. Seit dem Jahr 1992 ist es wieder im Besitz der Stadt.

Den Prachatitzer Stadtplatz dominiert heute das neue Rathaus mit einem Turm, der im Jahr 1903 erbaut wurde. Das ursprüngliche Renaissance-Gebäude aus den Jahren 1570 – 1571 steht am Ende der Reihe der Häuser (links).

Prag – Prachatitz 147 km
Pilsen – Prachatitz 116 km
Budweis – Prachatitz 46 km
Passau – Prachatitz 90 km

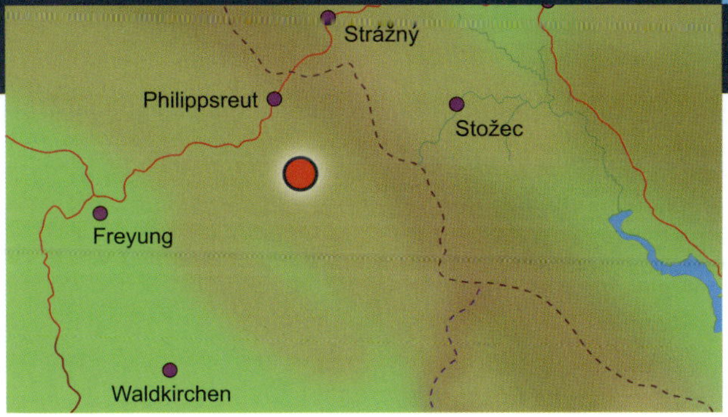

LEOPOLDSREUT

1.108 m NN Das seit 1963 verlassene Dorf Leopoldsreut in der Gemeinde Haidmühle wurde mit 1.108 m NN zu Deutschlands höchst gelegenem Freilichtspielort. Im Dorf – heute ein beliebtes Wanderziel – stehen nur noch die ehemalige „Hochschule", die Kirche St. Nepomuk und das frühere Forsthaus, heute Diensthütte. Die Schule von Leopoldsreut war Deutschlands höchst gelegene Volksschule. Die renovierte Kirche St. Nepomuk ist das höchst gelegene Gotteshaus im Bistum Passau. Die Salzhändler mussten zwischen den Orten Grainet und Leopoldsreut mit dem Berg Haidel die höchste Erhebung überwinden.

Fürstbischof Leopold V., der damalige Landesherr des Hochstifts Passau und Erzherzog von Österreich, ließ im Jahr 1618 auf der Höhe des Berges Haidel zur Sicherung der Landesgrenze und des Goldenen Steiges ein Walddorf, bestehend aus neun Anwesen, errichten. Das Dorf durfte seinen Namen tragen. Die Siedlung war auch Mautstation auf dem Goldenen Steig. Für die Glasindustrie wurde Quarzsand abgebaut, deshalb nannte der Volksmund die Siedlung auch „Sandhäuser". Im 18. Jahrhundert lebten die Bewohner trotz der Hochlage überwiegend von Landwirtschaft und Viehzucht. Ab 1818 fanden die Einwohner in den Wäldern um Bischofsreut Arbeit, die ihnen das Überleben erheblich erleichterte. Die bei den langen Wintern schier aussichtslose Landwirtschaft bildete sich zurück. Um 1859 zogen die ersten Siedler von Leopoldsreut weg in die weniger abgelegenen Dörfer. 1889 zählte der Ort nur noch 152 Einwohner. Im Jahr 1955 wurde die Volksschule aufgelöst. Die verbliebenen fünf Kinder mussten auch im Winter den fünf Kilometer langen Schulweg nach Bischofsreut in Kauf nehmen. Da es bis zuletzt weder elektrischen Strom noch eine Druckwasserleitung gab, zogen 1963 auch die letzten Bewohner fort. Die meisten Häuser wurden abgerissen. Das Kreuz in der renovierten Leopoldsreuter Kirche wurde vom Graineter Herrgottschnitzer Fritz Schuster aus Eichenbalken der abgebrochenen Häuser angefertigt.

Leopoldsreut historisch – Sammlung Marita Haller

Leopoldsreut als Theaterkulisse – Foto Marita Haller

Mit einem historischen Festspiel erinnerten in den Jahren 2011 und 2012 rund 120 Laiendarsteller aus der Theatergruppe Bischofsreut, aus Theatern der regionalen Umgebung und aus Tschechien an den Mythos des untergegangenen Dorfes am 1.000-jährigen Salzhandelsweg von Passau nach Böhmen.

Quelle: Tafeln am Wanderweg nach Leopoldsreut und in der Kirche

Prag – Haidmühle 184 km
Pilsen – Haidmühle 149 km
Budweis – Haidmühle 46 km
Passau – Haidmühle 90 km

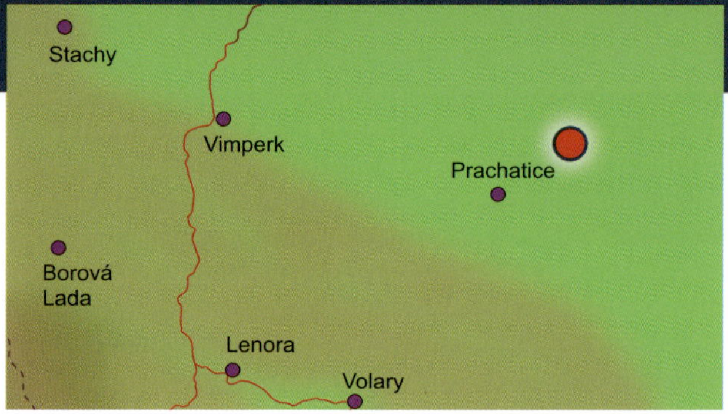

KOBELBERG BEI SCHERNOWITZ

Jährliche Kapazität 600.000 Tonnen Steine

Aus klein wurde groß. In den Dreißigerjahren des 20. Jahrhunderts wurde in dem kleinen Steinbruch am Kobelberg (Kobylí Hora) bei Schernowitz (Žernovice) Granit für den Bau der Talsperre Hussinetz (Husinec) bei Prachatitz (Prachatice) gewonnen. Der Transport erfolgte mit einer Seilbahn, die das Tal überbrückte und über den Kamm. Die schweren Karren mit Steinblöcken fuhren hinunter zur Baustelle der Talsperre und zogen dabei durch ihr Gewicht die leeren Wägen wieder zurück in den Steinbruch. Nach und nach wurde aus dem kleinen Steinbruch ein großer Steinbruch. Unter anderem wurden von hier täglich 14 Waggons sortierter, zerdrückter Steine für den Bau des Atomkraftwerks Temelin weggefahren.

Prag – Schernowitz 142 km
Pilsen – Schernowitz 114 km
Budweis – Schernowitz 41 km
Passau – Schernowitz 93 km

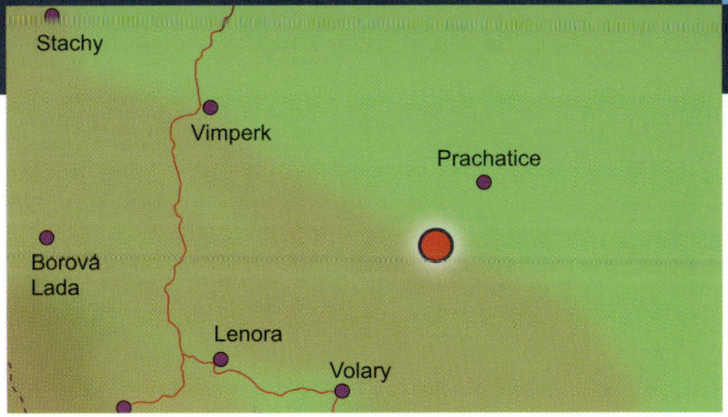

CHRISTELSCHLAGER TEICH

785 m NN

Der Christelschlager Teich (Křišťanovický rybník) liegt romantisch auf einer Anhöhe 785 m über dem Meeresspiegel. Er ist nicht nur der am höchsten gelegene Teich des Böhmerwaldes, er ist auch der am höchsten gelegene Teich Tschechiens. Er ist 13 ha groß und an seinem tiefsten Punkt erreicht er 6 m. Er liegt unweit der Straße von Prachatitz (Prachatice) und Wallern (Volary). Viele Sandbänke am Ufer machen ihn zu einem beliebten Badeweiher. Angler fischen hier Hechte, Amurkarpfen, Silberkarpfen, Zander, Welse, Barsche und Schleien. Von Christelschlag (Křišťanovice) aus führt eine beliebte Wanderroute zur Burgruine Gans (Hus). Die Burg war 1341 zum Schutz der umliegenden Dörfer vor bayerischen Plünderern erbaut worden. Im 15. Jahrhundert hauste hier der Räuber Habart Marsik aus Hradek (Habart Maršík aus Hrádek), der von Überfällen auf die Händler am Goldenen Steig lebte. 1441 wurde die Burg erobert, ausgebrannt und zerstört.

ELHENITZ

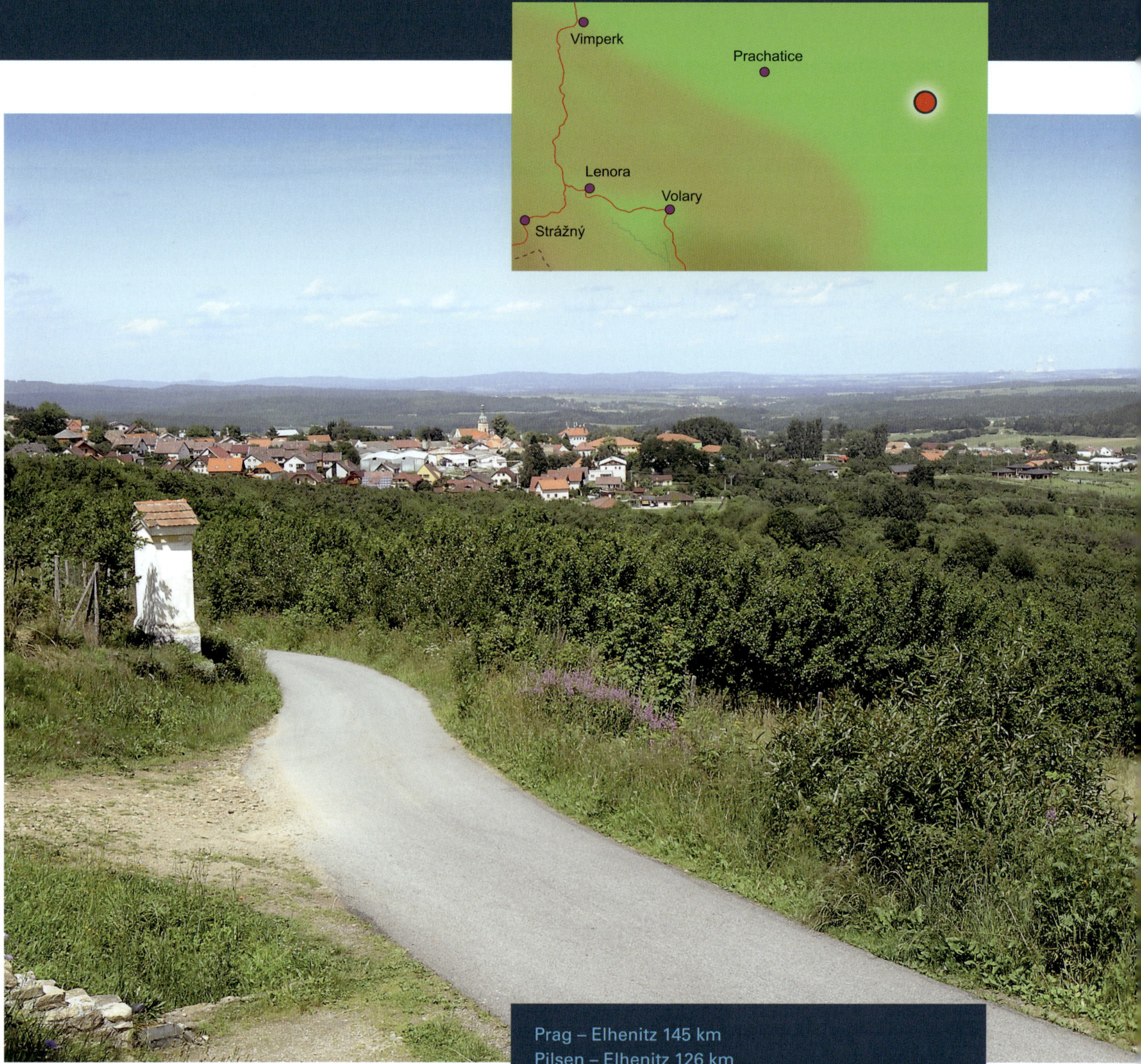

Ab dem 15. Jahrhundert

Das raue Klima des Böhmerwaldes ist für den Obstanbau kaum geeignet. Trotzdem hat sich das Städtchen Elhenitz (Lhenice) unterhalb des Postbergs (Stráž) einen Namen als Obstzentrum gemacht. Seit dem 15. Jahrhundert wird hier Obst angebaut. Das ist auch durch das 1544 von König Ferdinand I. verliehene Stadtwappen belegt. Es zeigt oberhalb der gotischen Mauern einen mit Früchten behangenen Apfelbaum.

In einer Legende heißt es, dass die Bewohner von Elhenitz selbst in Pestzeiten noch Obst nach Budweis (České Budějovice) geliefert haben. Als Dank haben sie ein Wappen mit den Budweiser Stadtmauern und einem Apfelbaum bekommen. In einer weiteren Legende wird erzählt, dass die Bürger von Elhenitz einen vornehmen Ausländer mit Meißner Äpfeln in einem Strohkorb begrüßten.

Zum ersten Mal erwähnt wird Elhenitz im Jahr 1263 mit dem Kloster Goldenkron (Zlatá Koruna). Das bedeutsamste historische Bauwerk ist die gotische Kirche des Heiligen Jakob aus dem 14. Jahrhundert.

Prag – Elhenitz 145 km
Pilsen – Elhenitz 126 km
Budweis – Elhenitz 35 km
Passau – Elhenitz 106 km

FRAUENAU

1792 Im Glasmacherort Frauenau befindet sich die größte private Streuobstfläche (1,7 ha) im Landkreis Regen. Es ist auch der älteste private Streuobstgarten dieser Größe im Bayerischen Wald. Er wurde Anfang des 18. Jahrhunderts von den Glashüttenherrn von Poschinger als Teil des Gartens des alten Herrenhauses angelegt. Zu diesem großen Obstgarten mit eigener Imkerei gehörte früher auch eine Gärtnerei. Im Jahr 1792 ließen die Freiherrn Poschinger von Frauenau das bepflanzte Areal mit einer Mauer umfassen. Noch heute stehen über 100 Obstbäume verschiedenen Alters in dem Garten, darunter auch viele alte, heute kaum mehr bekannte Obstsorten wie zum Beispiel der „Böhmische Brünnerling". Dieser Garten trägt damit zur Bewahrung des Erbgutes historisch bedeutsamer Obstsorten im Landkreis Regen bei. Aus dem Streuobstgarten stammen auch die Zutaten für die Geiste und Brände der Freiherr von Poschinger Edelbrandmanufaktur.

Quelle: Freiherrn Poschinger; Tafel Landratsamt Regen

Ältester Streuobstgarten in Frauenau – Foto Marita Haller

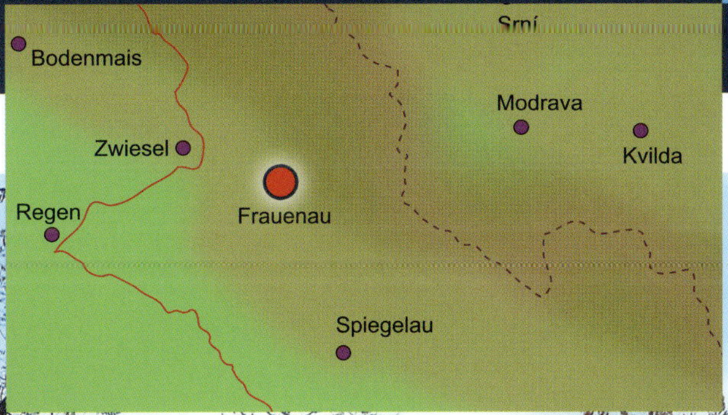

Prag – Frauenau 203 km
Pilsen – Frauenau 106 km
Budweis – Frauenau 133 km
Passau – Frauenau 65 km

ZWIESLERWALDHAUS

1832 Die ersten Siedler des Weilers Zwieslerwaldhaus waren Holzhauer und Jäger. Das historische Gasthaus Zwieseler Waldhaus gilt als ältester Gasthof des Bayerischen Waldes.
Ursprünglich wurde an der Stelle im Jahr 1768 ein Jägerhaus erbaut. Im Jahr 1832 bekam es eine Konzession für den Bierausschank. Fortan gab das Haus auch durchziehenden Reisenden von und nach Böhmen Quartier.
Der Weiler Zwieselerwaldhaus war bald auch ein beliebter Treffpunkt für Schmuggler. Sie kamen von Zwiesel und gingen über Zwieslerwaldhaus und über den Grenzübergang Ferdinandsthal nach Böhmen. Ihren Durst löschten sie ab 1832 auf bayerischer Seite im besagten Jägerhaus. Dr. Raimund Schuster bestätigt diesen Schmugglerweg 1986 in seinem Bericht „Der Hinterglasmaler vom Zwieslerwaldhaus“ in „Der Bayerwald“. Schuster berichtet, dass bereits 1775 bei Zwieslerwaldhaus „Schwärzer“ auf dem alten Verbindungsweg von Zwiesel nach Böhmen „über die nahe und schwer kontrollierbare Grenze“ gingen, um Tabak, Flachs und Salz zu paschen. Er bezieht sich hier auf ein Protokoll des Pfleggerichts Zwiesel vom 9. September 1775. Darin machte der Zwieseler Warenbeschauer Jakob Kugler folgende Angaben: *„Der Zwiesler Pflegsverwalter Wagner habe vor kurzen Jahren an der Gränz gegen Eisenstein, drei Stund von hier, ein hölzernes Haus erbauen lassen. Vormals hielten sich darin etliche Confinwächter (Grenzwächter) auf. Nachdem aber gefunden worden, dass diese Postierung darum ohne Frucht ist, weil solche im Wald entlegen völlig umgangen werden könne, so ist diese Postierung abgetan und aufgehoben worden. Nunmehr befindet sich in diesem Haus ein Hirth, welcher nicht nur selbst 4 bis 5 Küh und etliche Gaiß und Pöck haltet, sonders auch zum Nahrungsabbrauch des Marktes Zwiesel Bür (Bier) auszapfet. Er muss aber zugleich des Herrn Pflegverwesers jährlich im Wald einschlagende 12 und 14 Waldstier hüten. Weiter haltet sich in gemeltem Haus ein Tagwerker auf, der auch etliche Gaiß und Pöck haltet ...“*
Das war der Trick der Schmuggler. Sie tarnten sich als Holzhauer, Jäger oder Hüter, um Ware gewinnbringend über die Grenze zu bringen.
Im Nordosten von Zwieslerwaldhaus wurde 1939 das 37,8 ha umfassende Naturschutzgebiet „Mittelsteighütte“ installiert. Im Nordwesten kam im Jahr 1950 das 11,6 ha große Naturschutzgebiet „Hans-Watzlik-Hain“ dazu. Beide Naturschutzgebiete wurden mit ihrem urwaldähnlichen Charakter 1997 bei der Erweiterung des Nationalparks Bayerischer Wald in den Nationalpark integriert.
Der Weiler Zwieslerwaldhaus ist Ausgangspunkt für viele schöne Wanderungen, zum Beispiel auf den Berg Falkenstein (Europäischer Fernwanderweg E6), ins Schwellhäusl (historische Triftschwelle mit Gastbetrieb) oder über die Grenze nach Böhmen.

Quelle: Marita Haller, Reinhard Haller, Sven Bauer, Jan Jirak, Schmuggler und Schwirzer an der böhmischen Grenz' 2012, Kulturverein Über d'Grenz' e.V., Zwiesel

Zwieseler Waldhaus um 1900 – Sammlung Marita Haller

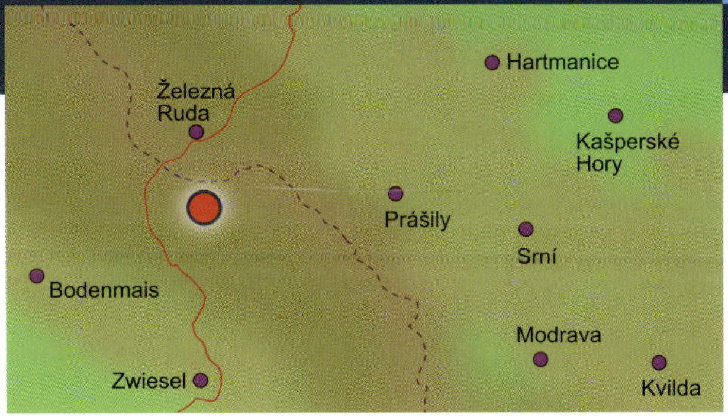

Ansichtskarte aus der Zeit um 1900 – Sammlung Marita Haller

In den kleinen Ort Zwieslerwaldhaus gelangt man mit dem Auto auf der Straße E53 in Richtung Zwiesel. Zwischen den Ortschaften Regenhütte und Ludwigsthal links abbiegen, ca. 10 km oder zu Fuß aus Markt Eisenstein (Železná Ruda) über Defferník (Debrník) und das Ferdinandsthal (Ferdinandovo udolí) oder aus Bayerisch Eisenstein auf dem Wanderweg E6.

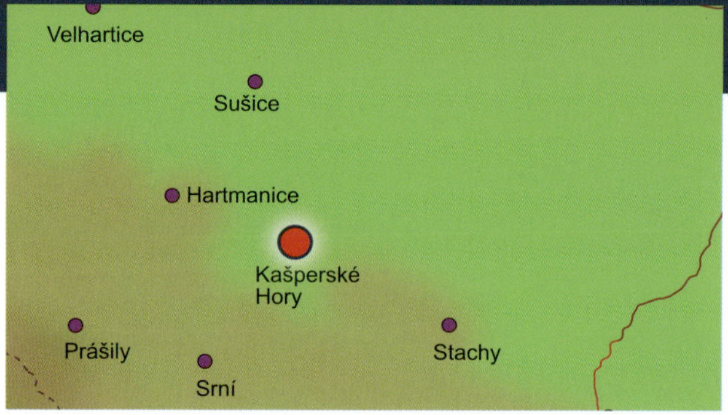

DAS MUSEUM DES BÖHMERWALDES

Ausstellung 895 m²

Am Stadtplatz in Bergreichenstein (Kašperské Hory) steht das Museum mit der größten Ausstellungsfläche im Böhmerwald. Besucher erleben hier die Geschichte der Region, des Goldbergbaus und der Glaserzeugung. Das Museum des Böhmerwaldes wurde im Jahr 1924 als naturwissenschaftliches Museum gegründet. Vier Jahre später wurde es eröffnet. Das Museum verwaltet große Sammlungen zur Geschichte der Holzindustrie und der Landwirtschaft. Und es beherbergt auch wertvolle Glassammlungen der Glashütten von Klostermühle (Klášterský mlýn), Annathal (Annín) und Eleonorenhain (Lenora). Eine einzigartige Sammlung von Schnupftabakgläsern, Möbeln und ihren Modellen, Bildern, Zeichnungen und spätgotischen Skulpturen ergänzt das Programm.

Das Museum des Böhmerwaldes war ursprünglich in die drei städtischen Museen von Schüttenhofen (Sušice), Bergreichenstein (Kašperské Hory) und Böhmisch Eisenstein (Železná Ruda) aufgeteilt. Seit 1967 sind sie eine Einheit.
Die Ausstellung in Schüttenhofen befindet sich im historisch wertvollen Voprchovsky-Haus am Stadtplatz. Die Ausstellung in Eisenstein ist in einer Villa untergebracht, die ein Nachkomme der Glasmacherfamilie Abele erbauen ließ.

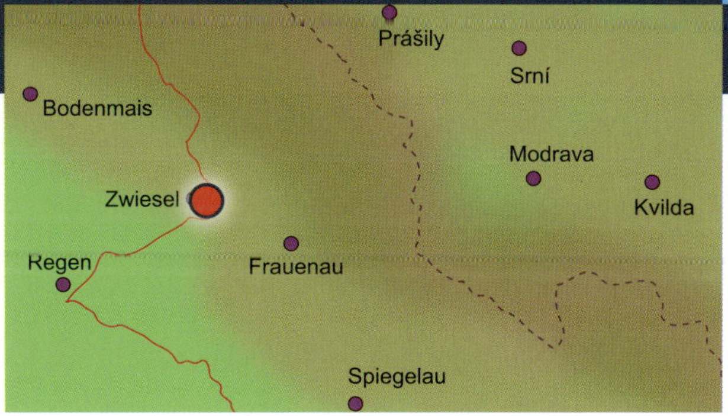

WALDMUSEUM ZWIESEL

1966 Wald genießen, Heimat spüren, Glas erleben – das kann der interessierte Besucher im 2014 neu gestalteten Waldmuseum auf kurzweilige, spannende und informative Art. Das Waldmuseum wurde auf einer Fläche von 1.200 m^2 mit einem völlig neuen Museums- und Ausstellungskonzept in den großzügigen und hellen Räumen der ehemaligen Mädchenschule (neues Kulturzentrum) wiedereröffnet.

Der Wald wird hörbar und fühlbar als Lebensraum für Mensch und Tier präsentiert. Ein beeindruckendes Urwald-Diorama mit echten Baumriesen und präparierten Tieren gibt einen fantastischen Einblick in die heimische Tier- und Pflanzenwelt. Der Besucher erfährt zudem über 18 moderne Medienstationen, wie zum Beispiel die Waldhirten, die Köhler und die Holzhauer früher gelebt und gearbeitet haben. Die traditionellen Handwerksberufe der Holz- und Glasverarbeitung stehen ebenfalls im Vordergrund. Beeindruckend sind auch die Glasexponate aus den frühen Glashütten im Böhmerwald sowie der Glasfachschule Zwiesel. Zu den Raritäten gehören auch das einmalige Miniatur-Glasmacherdorf, die drittälteste Apotheke im Bayerischen Wald, alte Musikinstrumente und die große Schnupftabakglas-Sammlung. Sonderschauen der unterschiedlichsten Themen bereichern zudem das Ausstellungsgebäude.

Das Waldmuseum wurde im Jahr 1966 auf Initiative von Oberregierungsforstrat Konrad Klotz in Zwiesel als erstes deutsches Waldmuseum gegründet – ein Museum, das in seiner Art einmalig war und ist.

Votivtafel im Waldmuseum

Das Waldmuseum von außen.

Waldmuseum Glashüttendorf 16./17. Jahrhundert nachgestellt

Waldmuseum Abteilung "Wald"

Quelle: Waldmuseum Zwiesel
Fotos: Marita Haller

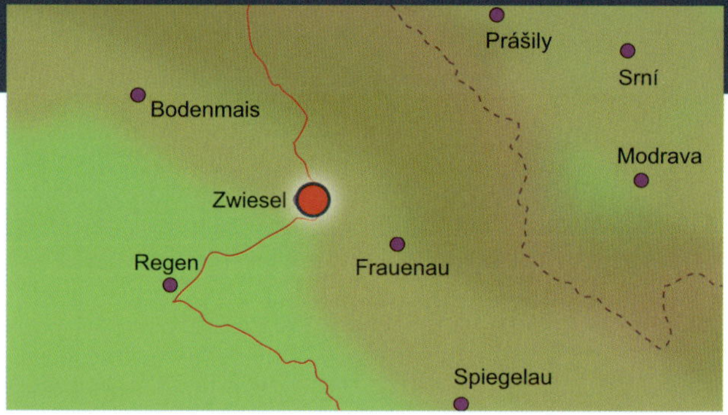

ZWIESEL KRISTALLGLAS

8,06 m

Die höchste Kristallglas-Pyramide der Welt steht in der Glasstadt Zwiesel an der Glasstraße. Der größte Arbeitgeber der Stadt, die Zwiesel Kristallglas AG – bekannt unter ihren drei Marken „Zwiesel 1872", Schott-Zwiesel" und „Jenaer Glas" – ließ im Jahr 2007 von seinen Auszubildenden neben der Firma 93.665 maschinell geblasene Tritan-Weingläser der Erfolgsserie Neckar, in 65 Ebenen lose und ohne Klebestoff zu einer 8,06 m hohen Pyramide übereinanderstapeln. Die Gläser stammen aus der Garnitur Neckar, mit mehr als 500 Millionen verkauften Gläsern die erfolgreichste Trinkglasserie des Unternehmens. Die Kristallglas-Pyramide wird umhüllt von einem transparenten Mantel aus Glas und wiegt satte 11,6 t. Sie dürfte die meist fotografierte Skulptur von Zwiesel sein und gilt mittlerweile als Wahrzeichen der Glasstadt. Zwiesel Kristallglas ist übrigens für maschinell geblasenes Glas dieser hohen Kristallglas-Qualität mit rund 900 Arbeitnehmern einer der größten Kristallglas-Hersteller der Welt. Die Firma vertreibt ihre Produkte in über 120 Ländern.

Quelle: Zwiesel Kristallglas AG
Fotos: Marita Haller

DIE GLÄSERNEN GÄRTEN VON FRAUENAU

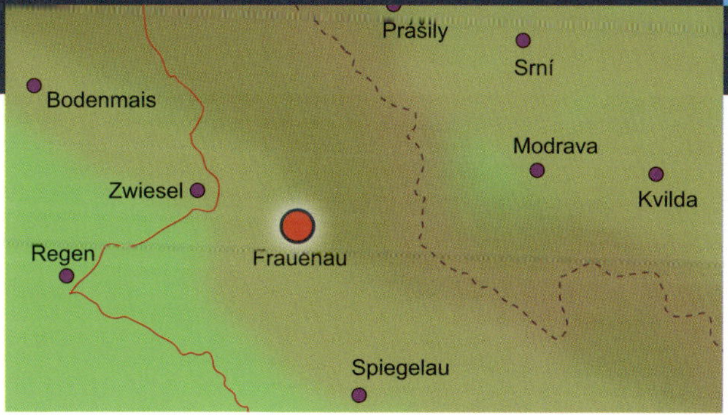

21 internationale Künstler

Seit dem Jahr 2011 kann der noch immer pulsierende Glasmacher-Ort Frauenau mit „Gläsernen Gärten" aufwarten, wie sie kein zweites Mal im gesamten Bayerischen Wald und darüber hinaus zu finden sind. Die überdimensionalen, variantenreichen Skulpturen aus Glas zeigen sich auf höchstem künstlerischem Niveau und verblüffen in der technischen Bandbreite.

21 internationale namhafte Künstler aus acht europäischen Ländern haben mit ihren zum Teil monumentalen Werken das weitläufige Areal zwischen der renommierten Glasmanufaktur von Poschinger, dem Staatlichen Museum zur Geschichte der Glaskultur als Herzstück und der bekannten Glashütte Eisch epochemachend gestaltet. In diesen „Gläsernen Gärten" wird Glas als künstlerischer Werkstoff in einer spektakulären neuen Dimension präsentiert. Flachglaskreationen, Spiegelglasinstallationen und ofengeformte Glasskulpturen in den unterschiedlichsten Varianten lassen einen Spaziergang durch die „Gläsernen Gärten" zu einer spannenden Entdeckungsreise werden. Diese gläserne Poesie und das Raumerlebnis in der Natur geben Impulse und machen einen Ausflug in die Gärten zu einer unvergleichlichen Begegnung. Die Gläsernen Gärten sind ganzjährig geöffnet. Der Eintritt ist frei.

Quelle: Tourist-Information Frauenau
Fotos von Marita Haller

„Herzstück" von Jens Gussek

Das „Urkraut" von Magdalena Paukner

gr.: „Glasarche II" von Ronald Fischer, kl. o.: Weitblick" von Carmelo Lopez

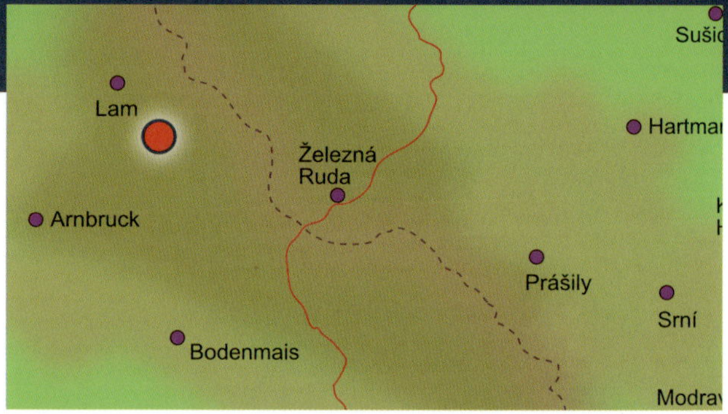

LOHBERG

1698

1998 gründete der international bekannte Glaskünstler Theo Sellner aus Regenhütte in der 1698 erbauten Rokoko-Kirche von Lohberg eine Glashütte und hat somit die Glashüttentradition in dieser Region wiederbelebt. Es ist die einzige Glashütte im Bayerischen Wald, die in einem sakralen Kirchenbau arbeitet. Über den Gründer Sellner ist die „Glashütte Alte Kirche" in ganz Europa und auch in Übersee bekannt.

Das Gebiet um Lohberg gilt als frühes Glaszentrum. Zwischen 1538 und 1904 sind im Raum Lam und Lohberg 19 Glashütten nachgewiesen. Bekannte Namen waren als Hüttenherrn hier tätig, wie beispielsweise Klingseisen, Hainz, von Hafenbrädl, Riedl und Schrenk. 1836 wurde die letzte Glashütte in Lohberghütte errichtet. Sie ist 1907 abgebrannt und dieser gesamte Berufszweig kam in Lohberg zum Erliegen.

Mit seiner Idee, die Kirche zur Glashütte umzufunktionieren, rettete Theo Sellner das altehrwürdige Gebäude vor dem Verfall. Er sanierte das Kirchlein und errichtete darin einen Studioglasofen, einen Schauraum sowie Präsentationsflächen und eine originelle Hüttenschänke – das „Zangl".

Im Jahr 2003 stieg Hubert Hödl als Teilhaber mit ein. Seit 2007 liegen die Geschicke der „Glashütte Alte Kirche" alleine in Hödls Händen.

Quelle: Glaskünstler Theo Sellner
Fotos: Marita Haller

Hubert Hödl

Vase Tanzende Frauen – Hubert Hödl

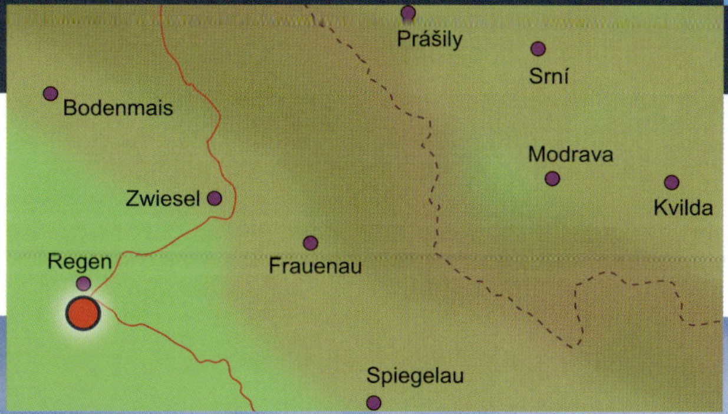

REGEN

30 Glasbäume

Es gibt viele Arten von Wäldern unter dem „Grünen Dach Europas", doch einen Wald aus Glas gibt es eher selten. Der erste und mit einer Fläche von 2.000 m² auch der größte Wald aus Glas im Bayerischen Wald „wächst" in der Stadt Regen, in unmittelbarer Nähe der Burgruine Weißenstein, auf dem Weißen Pfahl. 30 unterschiedliche Bäume aus Glas zieren das Gelände neben dem so genannten „Fressenden Haus".
Glaskünstler Rudolf Schmid, unter anderem bekannt als Künstler der Gläsernen Scheune in Rauhbühl bei Viechtach, hat auf Initiative von Charly Rödl einen Wald aus 25 Glasbäumen bis zu 8 m Höhe geschaffen. Mittlerweile kamen weitere Bäume von anderen Künstlern dazu, so dass der Wald nun aus 30 unterschiedlichen, in der Dunkelheit herrlich leuchtenden Bäumen besteht. Neben der mächtigen Kulisse der Burgruine sind die Bäume in unterschiedlichen Farbnuancen gigantisch anzusehen. Schalkhaft ausgedrückt ist es der einzige Wald, dem der Borkenkäfer nichts anhaben kann.

Quelle: Kur- und Touristik Information Regen;
Rudolf Schmid, Gläserne Scheune, Rauhbühl bei Viechtach

Fotos: Bäume aus Glas, im Hintergrund das „Fressende Haus" – Fotos Marita Haller

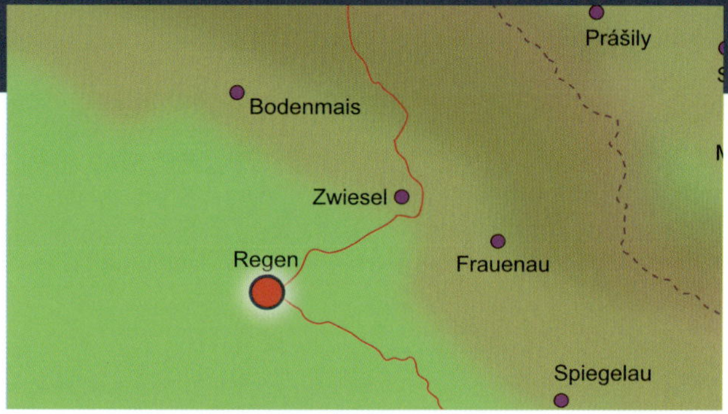

MUSEUM IM FRESSENDEN HAUS

1.200 Exponate

Mit über 1.200 Exponaten birgt das kleine Heimatmuseum im „Fressenden Haus" der Burgruine Weißenstein die größte private Schnupftabakglas-Sammlung der Welt. Der verstorbene Altbürgermeister Alois Reitbauer hat die Objekte von 1939 bis 1985 zusammengetragen.

Die Benennung „Fressendes Haus" geht auf den Dichter Siegfried von Vegesack zurück. Er bewohnte den mächtigen Burgturm, der einst der Getreidespeicher der Grafen von Bogen und ab etwa Mitte des 13. Jahrhunderts der Grafen von Degenberg war. Siegfried von Vegesack gab dem Turm den Namen „Fressendes Haus", denn die Restaurierung, die ständigen Reparaturarbeiten, und vermutlich auch die Heizungskosten fraßen im wahrsten Sinne des Wortes seine Ersparnisse auf.

Quelle: Chronik Burgruine Weißenstein

Das „Fressende Haus" – Foto Günther Haller

Schnupftabakgläser im „Fressenden Haus" – Foto Marita Haller

Die Schnupftabakgläser wurden im 19. Jahrhundert zu einem bedeutenden Artikel der Glashütten im Böhmerwald. Die größte tschechische Sammlung befindet sich im Böhmerwald Museum (Muzeum Šumavy) in Bergreichenstein (Kašperské Hory) deponiert. Der Besitz dieser teuren Flakons wurde als Zeichen von Prestige und Status des Besitzers gewertet. Besonders beliebt waren die roten Fläschchen.

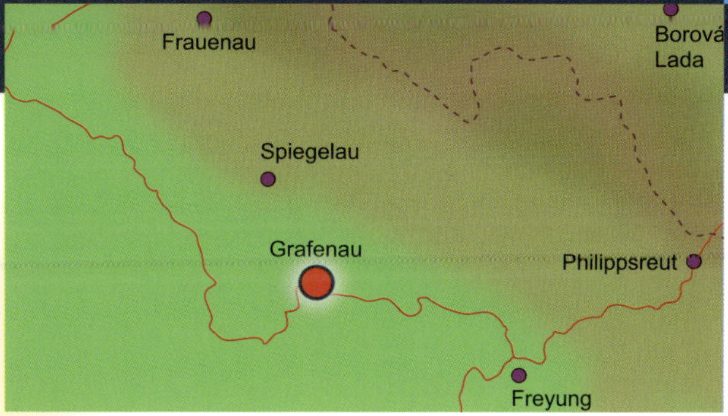

SCHNUPFTABAK-MUSEUM GRAFENAU

32 kg schwer

Im Schnupftabakmuseum Grafenau kann neben einer Vielfalt an weiteren Schnupf-Objekten das größte Schnupftabakglas der Welt bestaunt werden. Es wiegt 32 kg und hat die Abmessungen 69,7 cm x 45,7 cm x 12 cm.

Das Schnupftabakglas fasst 3 Kilogramm Schnupftabak und wurde aus Goldrubinglas in der Glasmanufaktur von Poschinger in Frauenau von Glasmacher Sepp Rankl gefertigt. Der Lions-Club Freyung-Grafenau hat es dem Schnupftabakmuseum zur Eröffnung gespendet.

Das Schnupftabakmuseum befindet sich seit 1981 im denkmalgeschützten, ehemaligen „Spital" der Stadt Grafenau, das ab dem 15. Jahrhundert der kommunalen Armen- und Krankenpflege diente.

Die historische Stadt Grafenau liegt am Südhang von Schwaimberg. Ersmals erwähnt wird die Ortschaft 1255. König Karl IV. hat sie zur Stadt erhoben und ihr als einziger Stadt im Bayerischen Wald erlaubt, das Gebiet mit einer Mauer abzugrenzen. Jeden Sommer findet in Grafenau ein Salzsäumerfest mit einem Salzsäumerzug statt.

Quelle: Willi Steger, Lions Club, Grafenau

Größtes Schnupftabakglas der Welt
Foto Stadt Grafenau

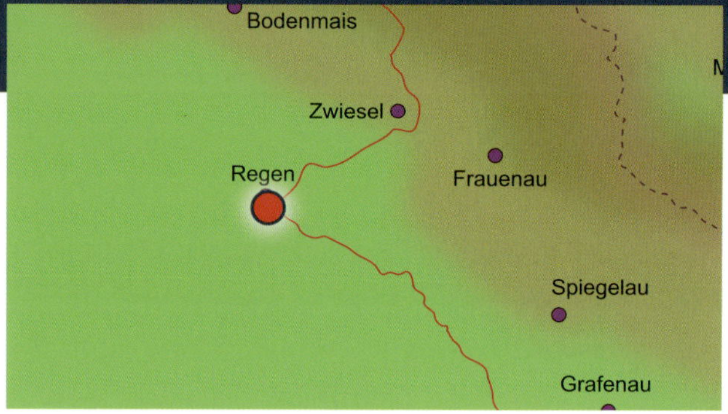

REGEN

Mehr als 2.500 Musiker

Singen, tanzen, spielen – „drumherum – Das Volksmusikspektakel" entwickelte sich längst zum größten Festival für regionale Musikkultur in ganz Ostbayern. Seit 1998 findet die Veranstaltung immer an Pfingsten in den geraden Jahren (2012, 2014...) unter der Regie von Ideengeber und Organisator Roland Pongratz in der Kreisstadt Regen statt. Für Freunde traditioneller Musik ist das „drumherum" längst Kult geworden. Über 50.000 Besucher und mehr als 2.500 Musiker in über 350 Musik- und Gesangsensembles aus dem In- und Ausland bringen am Pfingstwochenende das malerische Städtchen an allen Ecken und Enden zum Erklingen. Die Musikanten und Zuhörer genießen die gelöste Atmosphäre: Im Kurpark und auf Freilichtbühnen, in Kirchen und Gasthäusern, im bunten Zirkuszelt und auf der großen Tanzbühne auf dem Stadtplatz wird musiziert und getanzt, dass sich die Bretter biegen. Auch abseits der Bühnen gibt es viel zu erleben: einen großen Kunsthandwerkermarkt, eine internationale Volksmusikmesse mit Instrumentenbauern und Verlagen, ein großes Kinderdorf, kostenlose Workshops, Singstunden, Gottesdienste, eine lange Einkaufsnacht und vieles andere mehr.

Quelle: Roland Pongratz, Regen
Fotos: Marita Haller; Szenen aus „drumherum 2012" in der Stadt Regen

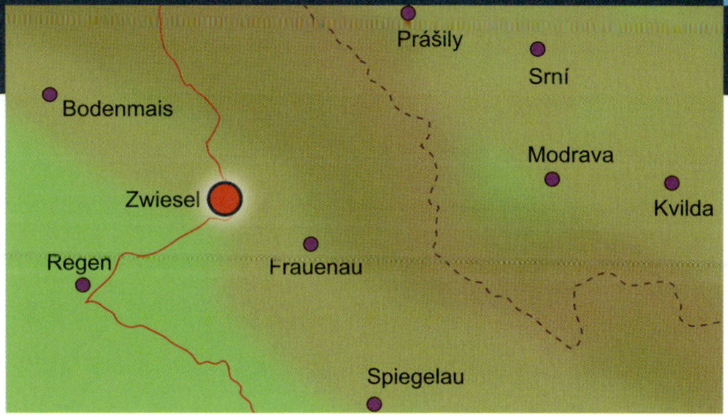

ZWIESEL

12 Gespanne

Seit 1988 findet alle zwei Jahre während des Grenzlandfestes in Zwiesel ein echt bayerischer und traditioneller Wettbewerb im Geschicklichkeitsfahren von Brauereiwagen statt. Es ist der älteste und mit 12 Gespannen auch der größte Pferdewettbewerb dieser Art im Bayerischen Wald.

Das Brauereiwagen-Geschicklichkeitsfahren ist ein Wettbewerb in Erinnerung an die Tradition des Bierauslieferns aus vergangenen Tagen. Die Gespanne müssen all die schwierigen Situationen meistern, die sich im früheren Arbeitsalltag ergaben. Auf dem Stadtplatz in Zwiesel werden Hindernisse aufgebaut, die die Brauerei-Rösser und die Fahrer zu bewältigen haben.

Früher gab es beispielsweise überwiegend Holzbrücken und ungeteerte Straßen und Wege. Es ist bekannt, dass Pferde nicht gerne ihren eigenen Hufschlag hören. Wenn sie also Holzbrücken überfahren müssen, wird den Tieren höchster Gehorsam abverlangt. Weitere Hindernisse sind das Durchfahren einer Sandbank oder eines nachgestellten Waldweges. Zum Alltag der Bierfahrer gehörten auch enge Kurven und Hofeinfahrten sowie das genaue Heranfahren mit dem Bierwagen an eine Laderampe zum Aufladen der Bierfässer. Wasserlauf, Sackgasse und Balkenspur sind weitere Behinderungen die errichtet werden. Aufgrund der Steigung ist der Zwieseler Stadtplatz eine zusätzliche Herausforderung für die mit Bierfässern beladenen und mit schweren Eisen bereiften Gespanne. Mit Fehlerpunkten bewertet wird zum Beispiel das Eingreifen mit der Hand oder das Führen am Halfter. Wird das vorgegebene Zeitlimit von 7 Minuten überschritten, wird jede halbe Minute mit Fehlerpunkten „bestraft". Geführt wird vom Bock mit Kreuzleine oder Stoßzügel. Pro Viererzug sind ein Fahrer und ein Beifahrer zugelassen. Traditionell werden nur Hengste oder Wallache eingespannt.

Vom Anspannen bis hin zur Schlussparade der Gespanne können die Zuschauer die Tradition des Bierauslieferns verfolgen. Die Bierwagen unterschiedlicher Bauart, zum Beispiel Schanz-, Bruck- oder Fasswagen, werden von süddeutschen Kaltblütern, Rappen, Noriker-Hengsten, attraktiven Pinzgauern oder schwergewichtigen Percheron-Rössern gezogen. Die Fuhrleute können dabei Ausbildungsstand, Gehorsam, Geschicklichkeit, Kraft und Schönheit ihrer Pferde demonstrieren. Die Brauereiwagen-Geschicklichkeitsfahren gehören auf alle Fälle zu den viel besuchten Attraktionen der Glasstadt Zwiesel.

Quelle: Organisatorin Meta Gaschler
Fotos: Brauereiwagen-Geschicklichkeitsfahren 2010 und 2012 – Marita Haller

AUSSERGEFILD

1.059 m NN

Wer das goldene Bier der höchstgelegenen Brauerei im Böhmerwald kosten will, muss sich auf den Weg nach Außergefild (Kvilda) machen. Im Jahr 2011 wurde hier eine Restaurant-Brauerei eröffnet. Gebraut wird in unregeläßigen Abständen nach Angebot und Jahreszeit. Es werden ausschließlich Gerstenmalz und Naturprodukte verwendet. Nach wie vor benützt werden eine steinerne Schrotmühle aus dem Jahr 1905 und eine Kühlwanne zum Abscheiden der Trübstoffe. Das ungefilterte Bier ist deshalb beim Zapfen außergewöhnlich klar. 450 Liter können auf diese Weise gebraut werden. Entwicklung und Nachfrage stiegen rasant von drei Sorten Bier im ersten Jahr auf acht Sorten im zweiten Jahr. Im Angebot sind die Sorten: Achtender (Osmerák), Zehnender (Desaterák), Zwei Rüden (Helles Kräuterlagerbier oder die Variante mit Magenwurz, Ingwer und Salbei), Zwölfender (Dvanácterák), Galapeter (eine Filmfigur) und Rankl Sepp.

Zur Brauerei gehört eine Bierstube für 40 Gäste. Außergefild (Kvilda) gehört zu den höchstgelegenen Ortschaften Tschechiens. Im 14. Jahrhundert ist es an einem bedeutenden Handelsweg gelegen.

Die einst reiche Tradition der Kleinbrauereien im Böhmerwald wird gerade wiederbelebt. Bier wird nicht nur in Außergefild (Kvilda) gebraut, sondern auch in Markt Eisenstein (Železná Ruda) im Belveder, in der Brauerei in Winterberg (Vimperk), in einer Minibrauerei in Hohenfurth (Vyšší Brod) oder auch in Kauth (Kout na Šumavě).

• • KIRCHLICHE BAUTEN

ALBRECHTSRIED

Eingeweiht im Jahr 1179

Der Salzburger Erzbischof Albrecht (Albert), Sohn des Königs Wladislaus II. (Vladislav), weihte am 5. Januar 1179 in Albrechtsried (Albrechtice) die Kirche der Jungfrau Maria (Panna Marie) und der Heiligen Apostel Peter und Paul (Petr a Pavel). Die Ortschaft Albrechtsried ist nach ihm benannt. Der Bau ist heute in seinem frühgotischen Stil aus der ersten Hälfte des 13. Jahrhunderts mit romanischen Elementen erhalten. Die Kirche ist eines der ältesten gotischen Baudenkmäler der Tschechischen Republik. Im 15. Jahrhundert wurden die Sakristei angebaut und der Altarraum gewölbt. 1779 wurden die Marienkapelle und das nördliche Entree fertiggestellt. Das ursprüngliche Portal aus der Zeit um 1240 blieb an dieser Stelle erhalten. 1778 und 1779 wurden außerdem im westlichen Portal ein neuer Eingang, Loci und der Chorraum gebaut. Bei der Restaurierung der Kirche 1958 wurden gotische Malereien aus dem 15. Jahrhundert gefunden.

Albrechtsried (Albrechtice) auf einer historischen Ansichtskarte

Prag – Albrechtsried 149 km
Pilsen – Albrechtsried 81 km
Budweis – Albrechtsried 99 km
Passau – Albrechtsried 112 km

ZWIESEL

86 m

Mit 86 m Turmhöhe ist die neugotische katholische Nikolauskirche in Zwiesel die höchste Kirche im Bayerischen Wald. Als der Passauer Diözesanbischof Michael Rampf die Kirche im Jahr 1898 erstmals betrat, um sie zu weihen, soll er erstaunt ausgerufen haben: „Das ist ja keine Kirche, das ist ja ein Dom". Seitdem wird die Stadtpfarrkirche St. Nikolaus der „Dom des Bayerischen Waldes" genannt.

Stadtpfarrkirche nach dem großen Sturm von 1929 – Foto Jahn

Sehr sehenswert sind die farbenfroh bemalten 18 Jugendstil-Fenster, die der sonst eher schlicht gehaltenen Kirche ein ganz besonderes Ambiente verleihen. Ausgesprochen hörenswert sind die großartigen Orgelkonzerte, die der Organist der imposanten Eisenbarth-Orgel entlockt. Bei einer Kirchenführung kann der Turm bestiegen werden. Von der Turmgalerie aus hat der Besucher einen weiten Rundumblick, auch bis in den Böhmerwald hinein. Der Architekt Johann Babtist Schott aus München hat die Kirche von 1892 bis 1897 als Teil eines dreiteiligen Ensembles in für unsere Region untypischer Backsteinbauweise errichtet. Zuerst kam das Kloster der Englischen Fräulein 1889 (heute Kulturzentrum mit neu gestaltetem Waldmuseum), dann die Kirche und 1893 die „Suppen- und Bewahranstalt" für arme Kinder, heute der katholische Kindergarten. Alle drei Gebäude fügen sich harmonisch in das Stadtbild ein.

Um die Stadtpfarrkirche rankt sich eine mystische Legende. Der Seher Stormberger von Rabenstein-Zwiesel soll zu seinen Lebzeiten im 18. Jahrhundert geweissagt haben, dass auf dem Zwieseler Kirchturm Birken wachsen würden. Wenn sie eine bestimmte Größe erreicht hätten käme eine schlimme Zeit. Die Zwieseler achten deshalb von jeher darauf, dass die Birken vom Turm geschnitten werden, sobald sie die Höhe eines Fronleichnam-Bäumchens erreicht haben. Die Faszination der Weissagung des Waldpropheten und ihre Angst davor ist auch heute noch in den Köpfen der Einheimischen ungebrochen, zumal zahlreiche andere Prophezeiungen des Sehers schon eingetroffen sein sollen.

Der hohe Turm der Kirche St. Nikolaus hat in seiner Geschichte schon Schlimmes erlebt. Im Jahr 1929 knickte ein gewaltiger Sturm das Kreuz samt Kugel von der Kirchturmspitze ab. Beide Teile mussten unter größten Anstrengungen neu aufgesetzt werden.

Quelle: Chronik Nikolaus Kirche
Fotos: Stadtpfarrkirche innen und außen – Marita Haller

Prášily
Srní
Bodenmais
Modrava
Zwiesel
Kvilda
Regen
Frauenau
Spiegelau

NITZAU

894 m NN

Die Kirche des Heiligen Martin (sv. Martina) in Nitzau (Nicov) gilt als der höchstgelegene romanische Kirchenbau in Tschechien. In frühen Zeiten gehörte der Ort dem Benediktinerkloster Isula bei Dawle (Ostrov u Davle). Auch die Kirche gehörte laut schriftlicher Überlieferung von 1296 bis 1301 zum Besitz der Isula Abtei. 1310 bestätigte Papst Klement V. Nitzau als Wohnsitz von Mönchen. Wegen der einsamen Lage in den Bergen hatte der Ort vermutlich den Charakter einer Einsiedelei. Nach den Hussitenkriegen übernahm die Burgherrschaft Karlsberg (Kašperk) den Ort, 1584 folgte Bergreichenstein (Kašperské Hory).

Die Kirche St. Martin ist ein einschiffiger Bau mit einem quadratischen Presbyterium und einem prismatischen Turm an der Südseite. Sie wurde zwischen 1220 und 1240 gebaut. In der zweiten Hälfte des 17. Jahrhunderts wurde sie barockisiert, im 19. Jahrhundert wurden das Hauptschiff verlängert und der Turm ein Stockwerk herabgesetzt. In der Kirche befindet sich ein spätbarocker Altar aus dem 18. Jahrhundert. Die Gläubigen werden mehrmals im Jahr von einer kostbaren Glocke aus dem 14. Jahrhundert zum Kirchgang gerufen.

Prag – Nitzau 145 km
Pilsen –Nitzau 97 km
Budweis – Nitzau 80 km
Passau – Nitzau 97 km

• • EINZIGE KIRCHE IM BÖHMERWALD MIT EINEM GLÄSERNEN ALTAR • •

GUTWASSER

4,50 x 3,20 m

Die barocke Kirche in Gutwasser (Dobrá Voda) wurde im Jahr 1706 anstelle einer Kapelle aus dem Jahr 1618 gebaut. Sie wurde dem Einsiedler Gunther (Vintíř) geweiht, der vor gut 1000 Jahren ganz in der Nähe in einer Klause unterhalb des Březník bei Gutwasser (Gemeinde Hartmanitz/ Hartmanice) gelebt hatte.

In den Jahren 1734 und 1754 wurden einige bedeutende Umbauten vorgenommen, 1777 wurde der Turm fertiggestellt. Nach dem Zweiten Weltkrieg wurde die Bevölkerung von Gutwasser ausgesiedelt. Die Kirche wurde von Grenzsoldaten als Lager zweckentfremdet. Von der ursprünglichen Einrichtung ist nur eine Statue des Heiligen Gunther aus dem 15. Jahrhundert erhalten geblieben. Sie ist heute im Museum des Böhmerwaldes zu sehen. 1995 wurde die restaurierte Kirche mit einem einzigartigen gläsernen Altar der Künstlerin Vladena Tesarova wiedereröffnet. Seine Maße sind 4,50 x 3,20 m und er wiegt 5 t.

Neben der Kirche steht eine Kapelle. Sie schützt die Heilquelle „Gutes Wasser", die dem Ort Gutwasser den Namen gegeben hat.

Glasaltar von Vladěna Tesařová

Die Heilquelle „Gutes Wasser"

Prag – Gutwasser 169 km
Pilsen – Gutwasser 79 km
Budweis – Gutwasser 108 km
Passau – Gutwasser 102 km

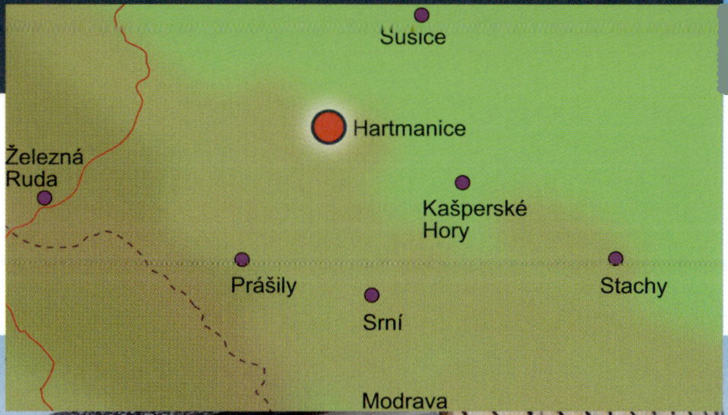

HARTMANITZ

712 m NN

Die Geschichte der Synagoge Hartmanitz beschreibt sehr gut das Schicksal der Juden, die vor dem Zweiten Weltkrieg im Böhmerwald lebten. In Hartmanitz (Hartmanice) lebte eine große jüdische Gemeinde. Um 1890 waren 13 % der Bevölkerung jüdisch. Die Synagoge wurde 1883 gebaut und sie ist eine der wenigen Synagogen, die heute noch im Gebiet des Böhmerwaldes erhalten sind. Nach dem Einmarsch der deutschen Truppen und der Angliederung an das Deutsche Reich 1938 wurden aus dem Giebel der Synagoge die Tafeln mit den Zehn Geboten herausgemeißelt. Das Gebäude wurde beschlagnahmt und zu einer Schreinerei umgebaut. Nach dem Krieg diente es als Lager für Reifen, der erste Stock wurde von den Soldaten als Tischtennishalle genutzt. Wegen des schlechten Zustands wurde in den 80er Jahren des vergangenen Jahrhunderts sogar über einen Abriss nachgedacht.

Nach der Grenzöffnung und den politischen Veränderungen von 1989 wurde das Gebäude der jüdischen Gemeinde zurückgegeben. Für den Erhalt als Synagoge waren allerdings zu wenig Mittel vorhanden. Die Bürgerinitiative „Gedenkstätte Hartmanitz" („Památník Hartmanice") engagiert sich seit 2002 für die Synagoge und hat eine Ausstellung über die Geschichte des tschechisch-deutsch-jüdischen Zusammenlebens im Böhmerwald zusammengestellt. Die Restaurierung der Synagoge wurde 2006 mit dem Sonderpreis „For Arch" für Architektur ausgezeichnet.

Das Museum Simon Adler in Hartmanitz (Hartmanice) – Gutwasser (Dobrá Voda) wurde 1997 zur Erinnerung an den Historiker und Rabbiner Simon Adler eingerichtet. Er wurde hier geboren und 1944 im KZ Ausschwitz umgebracht.

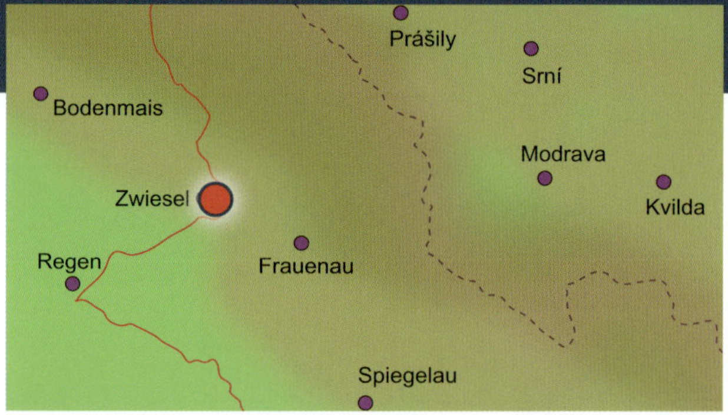

ZWIESEL

2002 Nur in der Glasstadt Zwiesel steht seit dem Jahr 2002 am sogenannten Anger eine Kapelle, deren Wände wie auch der Altar aus Glassteinen errichtet sind. Lehrkräfte der Glasfachschule Zwiesel haben die Glasbausteine gegossen und die rubinrote Glasglocke im Türmchen wie auch die hellblauen Glaskugeln in den Stützpfeilern mundgeblasen. Diese hübsche Glaskapelle steht auch für die Stadtgemeinschaft, denn nur durch die Spenden aus der Bevölkerung konnte das Kirchlein gebaut werden. Bei Stadtfesten und im Monat Mai werden an der Glaskirche gerne Andachten gefeiert. Auch dieses Kirchlein ist ein prägnantes Symbol der Glasstadt Zwiesel.

Quelle: Designer Walter Wenzl
Fotos: Glaskapelle innen und außen – Marita Haller

Glaskapelle beim Fronleichnamsfest

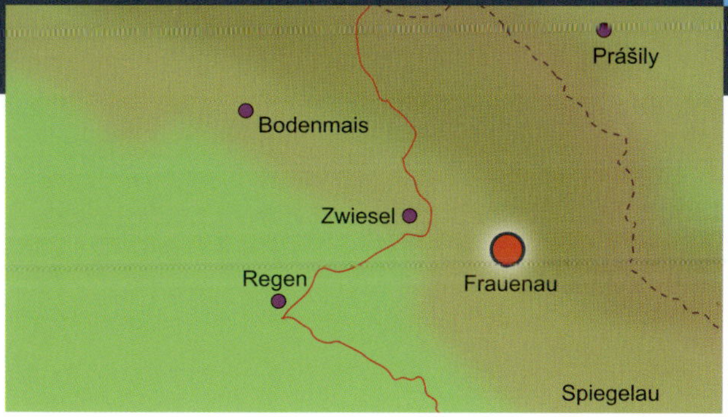

FRAUENAU

2000 Seit dem Jahr 2000 ziert eine Glasmacherkapelle den Vorplatz der traditionsreichen Freiherr von Poschinger Glasmanufaktur in Frauenau. Sie wurde dem Hl. Laurentius, dem Patron der Glasmacher und dem Hl. Markus, dem Patron der Glasveredeler geweiht.

Ehemalige und aktive Glasmacher der Freiherr von Poschinger Glashütte hatten die Idee, ihre Liebe zu diesem kostbaren Werkstoff und ihre Verbundenheit mit dem traditionsreichen Glasunternehmen durch eine religiöse Begegnungsstätte vor den Toren der ruhmreichen Glashütte auszudrücken.

Zahlreiche Attribute der Glasmacherzunft machen das Gotteshaus zu einer echten Glasmacherkapelle – zur einzigen Glasmacherkapelle dieser Art im Bayerischen Wald. So zieren zwei historische Glasmacherpfeifen, die in der Mitte von einer Kartusche aus grünem Tafelglas mit der Inschrift „A 2000 Ω“ gehalten werden, die Kapellenfront. Das Zifferblatt der Uhr, aus weißem Überfang-Tafelglas gefertigt, ist indirekt beleuchtet. Fenster und Türen stammen aus dem Holz der Oberfrauenauer Glashüttenwälder. Die Türfenster bestehen aus handgefertigtem Tafelglas. Eingraviert sind die Heiligen Laurentius und Markus. Auch Weihwasserkessel und Opferstock stammen aus Glasmacherhand.

Kaum zu erkennen ist, dass das Kreuz auf dem viereckigen Turm aus Teilen alter Glasmacherpfeifen geschweißt wurde. Gut sichtbar leuchtet die nach einem Original aus dem 19. Jahrhundert in der Freiherr von Poschinger Glashütte hergestellte dunkelgrüne Glocke aus den Turmöffnungen. Sie trägt die Inschrift: „Gott beschütze die edle und traditionsreiche Glasmacherkunst des Bayerischen Waldes“.

Auch der Innenraum weist deutlich auf eine Glasmacherkapelle hin. Der Altar, aus Ofensteinen gemauert, umschließt einen aufgeschnittenen Glasschmelzhafen. Hinter einer Glasscheibe erkennt man Glasmacherwerkzeug. Das glühende Feuer im Glasofen wird versinnbildlicht von einer darunter eingelassenen roten Glasplatte, hinter der eine Kapsel mit verschiedenen Zeitdokumenten aus der Entstehungsgeschichte der Kapelle eingemauert wurde. Der Altartisch besteht aus schwerem, sandgestrahlten Flachglas. Für das handgegossene gläserne Kreuz schnitzte Willi Hanus einen kunstvollen Jesus. An seinen Seiten hängen antike Putten. Auf dem Tisch stehen u.a. eine nach böhmischem Vorbild geschnitzte Madonna, eine Glasmonstranz und ein gläserner Messkelch. Zum Andenken an die feierliche Weihe liegt ein Buch aus Glas auf.

Eine Goldrubinscheibe trägt die vergoldete lateinische Inschrift: „Zum ehrenden Gedenken an alle Menschen des Bayerischen Waldes, die seit Jahrhunderten die Tradition der hohen Glaskunst fortführen. Der Herr segne das edle Glashandwerk“.

Quelle: Kristallglasmanufaktur von Poschinger
Fotos: Marita Haller

MITTERFIRMIANSREUT

18 m hoch

Eine echte Kirche ganz aus Schnee und Eis. Gibt es das überhaupt auf der Welt? Ja, es gab sie – in Mitterfirmiansreut im Landkreis Freyung-Grafenau.

Im Jahr 1911 bauten sich die Bewohner von Mitterfirmiansreut eine eigene Kirche ganz aus Schnee, weil ihnen der Weg zur nächsten Kirche im Dorf Mauth in den schneereichen Wintern zu weit und zu beschwerlich war.

Diese legendäre Schneekirche von damals war 14 m lang, 7 m breit und die Turmhöhe lag bei 7 m bis zum Kreuz. Aufgrund der großen Aufmerksamkeit, die die erste „Schneekirche im Bayerischen Wald" im Jahr 1911 ausgelöst hatte, gingen seinerzeit zahlreiche Spenden für den Bau einer richtigen Kirche ein. 1923 konnte eine Notkapelle aus Holz errichtet werden. 1925 wurde sie eingeweiht und bereits 1932 vergrößert.

100 Jahre nach der ersten Schneekirche, im Jahr 2011, errichtete der Förderverein „Schneekirche" unter dem Vorsitzenden Bernd Stiefvater und nach Plänen der Architekten Köberl und Döringer erneut eine Schneekirche. Das Konzept hatte die Grafenauer Kreativagentur Atelier & Friends erstellt. Die Kirche erhielt eine etwas modernere Form und hatte auch für den hohen Turm innen ein Stützgerüst aus Holz. Die neue Schneekirche hatte die stolzen Ausmaße von 26 m Länge, 11 m Breite und etwa 18 m Turmhöhe. Über 1.100 t Schnee wurden dafür verarbeitet. 60 freiwillige Bauhelfer waren notwendig, um diese Einzigartigkeit in mehr als 11.000 Arbeitsstunden zu errichten. Die neue Schneekirche wurde von dem Grafenauer Dekan Kajetan Steinbeißer gesegnet. Selbst Radio Vatikan berichtete in Rom über dieses außerordentliche Kirchenprojekt.

Als Partner dieses Großprojektes konnte die tschechische Gemeinde Strážný gewonnen werden. Bürgermeister Jirí Vacek und sein Philippsreuter Amtskollege Alfred Schraml erkannten in diesem fantastischen Objekt die Chance auf ein weiteres positives Zusammenwachsen beider Länder. Die Tschechen beteiligten sich indirekt an dem Kunstwerk. Bildhauer aus Strážný legten auf tschechischer Seite einen Eisskulpturenpark an, der aus acht verschiedenen Mini-Schneekirchen bestand.

Die neue Schneekirche war auch Anlass für die Erschließung eines grenzüberschreitenden Wanderwegenetzes, das Steige reaktivierte, die einst dem kommunistischen Regime zum Opfer gefallen sind. Die Pfade auf böhmischer Seite führen zum Teil durch ehemalige Dörfer. Thementafeln erinnern an ihre Geschichte.

Leider ist eine Kirche aus Schnee und Eis vergänglich. Am 23. März 2012 brach die neue Schneekirche aufgrund der warmen Witterung in sich zusammen. Im Mai erinnerte nur noch ein kleiner Schneehaufen an das ungewöhnlichste Gotteshaus der Welt. Touristisch gesehen hat sich die Errichtung der Schneekirche jedoch gelohnt. 63 000 Besucher aus der ganzen Welt kamen, um dieses eisige sakrale Kunstwerk zu bewundern. Die Homepage des Vereins vermerkte Zugriffe aus 72 Ländern.

Schneekirche historisch – Förderverein Schneekirche

Auf dem Platz der Schneekirche entstand eine Gedenkstätte, die noch von dem Mitinitiator Lothar Nebl (†) von Atelier & Friends entworfen wurde. Ob es im bekannten Wintersportort Mitterfirmiansreut wieder einmal eine Schneekirche geben wird, wird sich möglicherweise erst in ein paar Jahren entscheiden, denn an einem solchen Kraftakt der Dorfgemeinschaft hängen nicht nur ungezählte ehrenamtliche Stunden, sondern auch ein ganz gewaltiger finanzieller Aufwand.

Quelle: Förderverein Schneekirche
Fotos: Schneekirche 2012 – Marita Haller

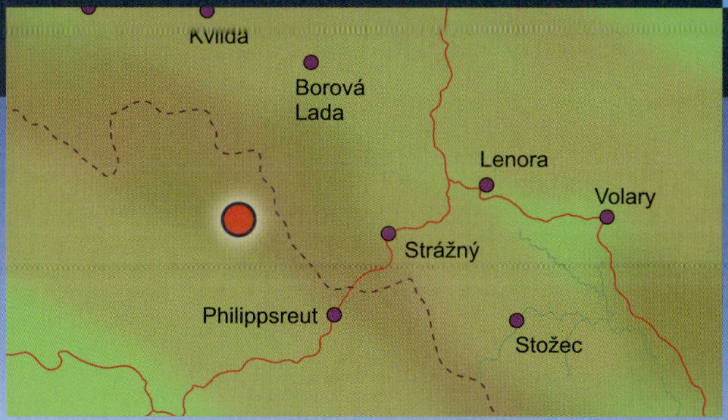
Kvilda
Borová Lada
Lenora
Volary
Strážný
Philippsreut
Stožec

RABENSTEIN-ZWIESEL

14 Stationen aus Glas

Der gläserne Kreuzweg vom Bergdorf Rabenstein-Zwiesel ist in seiner Art ein einmaliges Kunstwerk im Bayerischen Wald. Der Burschenverein Rabenstein e.V. ließ ihn im Jahr 2006 entlang des Wanderweges auf den 950 m hohen Berg Hennenkobel errichten. Der moderne Kreuzweg besteht aus Materialien der Region – Granit, Holz und Glas. Flachglas-Künstler Josef Hilgart gestaltete die Stationsbilder nach eigenen Entwürfen in hervorragender Qualität durch Sandstrahltechnik. Er führt auf einer Länge von knapp einem Kilometer bis in die Gipfelregion des Berges Hennenkobel. Der Leidensweg Jesu wird auf 14 Stationen dargestellt – von der Verurteilung zum Tod bis zu seiner Grablegung.

Der Standort inmitten der ruhigen Natur, die Materialien und der religiöse Gedanke sind Sinnbild der bayerischen Volksfrömmigkeit. Der gläserne Kreuzweg lädt den Wanderer zum Verweilen, Nachdenken und Meditieren ein. Man erreicht ihn ab Hotel Rabenstein über die alte Regenhütter Straße (Forststraße für den Verkehr gesperrt) in knapp einer Stunde.

Quelle: Burschenverein Rabenstein
Fotos: Marita Haller

Der Kreuzweg ist die künstlerisch dargestellte Beschreibung des Weges Christi von der Verurteilung durch Pontius Pilatus bis zur Hinrichtung am Kreuz am Hügel Golgatha.

Der Hennenkobel bietet vom Gipfel aus einen weiten Blick ins Zwieseler Tal, das auf eine rund 600 Jahre alte Glastradition zurückblicken kann.

• • TECHNISCHE DENKMÄLER

VINZENZSÄGE

1912 Nachdem im Februar 1910 die ursprüngliche Vinzenzsäge (Čeňkova pila) abgebrannt war, beschlossen die Einwohner von Bergreichenstein (Kašperské Hory) statt eines Sägewerks ein richtiges Kraftwerk zu bauen. Sie verhandelten mit der Wiener Zweigstelle der Schweizer Firma Brown-Boveri und mit der Maschinenbaufirma Voith über den Bau eines Elektrizitätswerkes inklusive Hochspannungsleitung sowie über die Lieferung einer Francis-Turbine. Die Baugenehmigung für eine 8,3 km lange Außenleitung über Hirschenstein (Jelenov), Zwoischen (Svojše) und Ziegenruck (Kozí hřbety) wurde im September beantragt. Die Glühbirnen in Bergreichenstein leuchteten zum ersten Mal am Heiligen Abend 1912. Das Wasserkraftwerk ist bis heute in seinem ursprünglichen Zustand erhalten. Es ist Teil der Ausstellung „Böhmerwald Energie" („Šumavská energie") und für Besucher öffentlich zugänglich.

Das ursprüngliche Sägewerk von Čeněk Bubeníček.

Historische Francis-Turbine

Die berühmte Tanne, die angeblich von Friedrich Smetana bei einem Besuch im Vinzenzsägewerk (Čeňkova pila) im Jahr 1867 eingepflanzt wurde, steht heute am Ufer der Widra (Vydra) in der Nähe des Kraftwerks. Bei Smetanas Besuch war hier der Garten des damaligen Eigentümers Čeněk Bubeníček.

GOLDBERGBAU

5. Jahrhundert v. Chr.

Das erste Goldfieber brach im Böhmerwald in der Bronzezeit aus. Der zweite Boom folgte in der Zeit der Besiedlung durch die Kelten im 5. Jahrhundert v. Chr.. Man schätzt, dass die Kelten aus den tschechischen Lagerstätten etwa 17 t Gold geholt haben. Auf den weitläufigen Flächen um den Fluss Wottawa (Otava) und seiner Zuflüsse haben die Slawen seit dem 6. Jahrhundert Gold gewaschen. Der größte Goldbergbau fand im Böhmerwald aber vom 12. bis zum 14. Jahrhundert statt. König Johann von Luxemburg (Jan Lucemburský) bestätigte 1345 der Stadt Schüttenhofen (Sušice) das Recht auf Goldwäsche. Das goldhaltigste Gebiet war im Wottawa-Tal (Údolí Otavy) hinter Annathal (Annín). Spuren des weitläufigen Goldgebietes sind bis heute zwischen Langendorf (Dlouhá Ves) und Schüttenhofen erkennbar an großen Goldseifenhügeln, also Sandanhäufelungen, die durch den Goldabbau entstanden. Weitere befanden sich bei der Ortschaft Schepitz (Čepice) und um Schichowitz (Žichovice). Das höchstgelegene Goldgebiet in Tschechien war in 1.200 m Seehöhe am Rachel (Roklan) nahe an der Grenze zu Bayern. An den Bächen, die von der Grenze in die Rachel-Klause fließen, sind bis zu 4 m hohe Goldseifenhügel erhalten. Reiche Fundorte gab es noch in der Umgebung von Innergefild (Horská Kvilda). Erhaltene Seifenhügel am Hammerbach (Hamerský potok) beweisen das.

Im Sand um Wottawa (Otava) fanden sich allerdings keine Goldklumpen, auch Nuggets genannt, sondern nur Goldschuppen. Um 1 g Gold zu gewinnen, brauchte man 15.000 Goldschuppen.

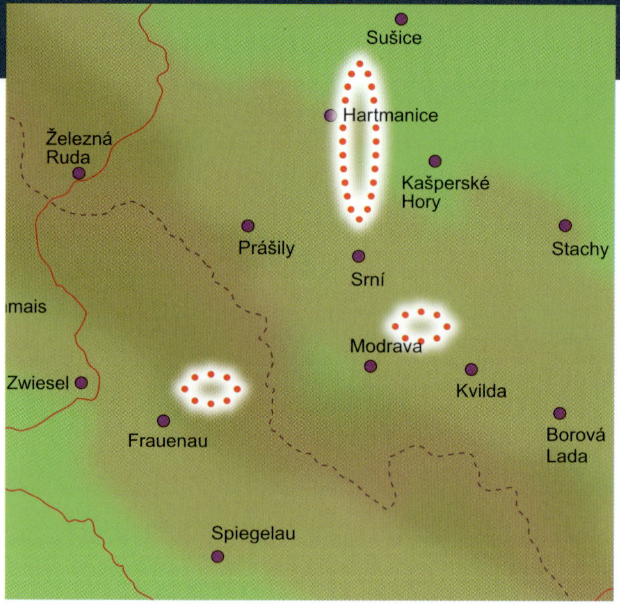

Die Überreste von Halden erinnern heute an die Goldsuche bei Außergefild (Kvilda)

Das Gold in den Flüssen Wottawa (Otava), Wolinka (Volyňka), Blanitz (Blanice), Moldau (Vltava), im Außergefilder- oder am Hammerbach und in den Rachelfilzen war einer der Gründe für Ansiedlungen. Die ersten Goldwäscher und Goldgräber waren die Kelten. Aus dieser Zeit stammt der Name des Flusses Wottawa: Keltisch Atava heißt auf tschechisch „Der reiche Fluss".

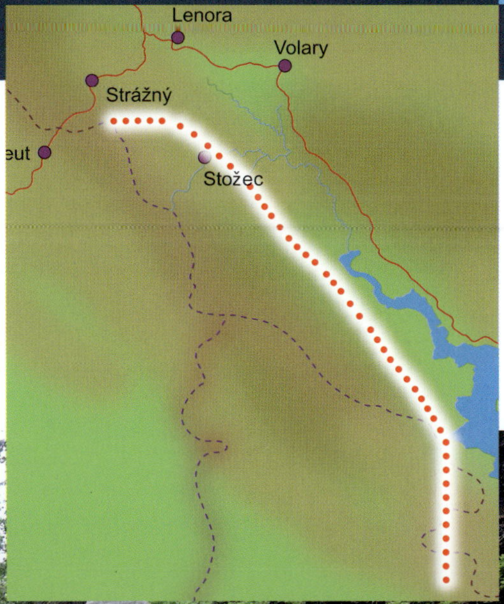

SCHWARZENBERGISCHER SCHWEMMKANAL

44 km lang Der Schwarzenbergische Schwemmkanal ist ein einzigartiges technisches Denkmal. Sein Bau dauerte von 1789 bis 1822. Das Werk des genialen Bauherrn Rosenauer diente dem Transport von Brenn- und Bauholz aus dem Böhmerwald nach Wien. Der Kanal beginnt bei Neuthal (Nové Údolí) am Hang des Dreisesselberges (Třístoličník) auf 916 m Seehöhe. Bei der Ortschaft Glöckelberg (Zvonková) verlässt der Kanal tschechisches Gebiet und führt nach Österreich. Unterhalb der Burgruine Wittigstein (Vítkův Kámen) kehrt er wieder auf tschechischen Boden zurück. Bald aber fließt er wieder über die Grenze, mündet in die Mühl und danach in die Donau. Durch den Kanal konnten bis zu 25 m lange Holzstämme getriftet werden. Die Geschichte des technischen Meisterwerkes erfahren die Besucher auf einem Lehrpfad, der in Hirschbergen (Jelení vrchy) beginnt und nach neun Kilometern in Neuofen (Nová Pec) endet.

Das Holztriften auf einer zeitgenössischen Ansichtskarte

kl.: Das untere Portal

Das obere Portal des Schwarzenbergischen Schwemmkanals wird im Museum in der Ortschaft Kalsching (Chvalšiny), dem Geburtsort des Bauherrn Josef Rosenauer, näher erklärt. Entlang des Kanals führt ein neun Kilometer langer Lehrpfad, der in Hirschbergen (Jelení vrchy) am unteren Portal beginnt.

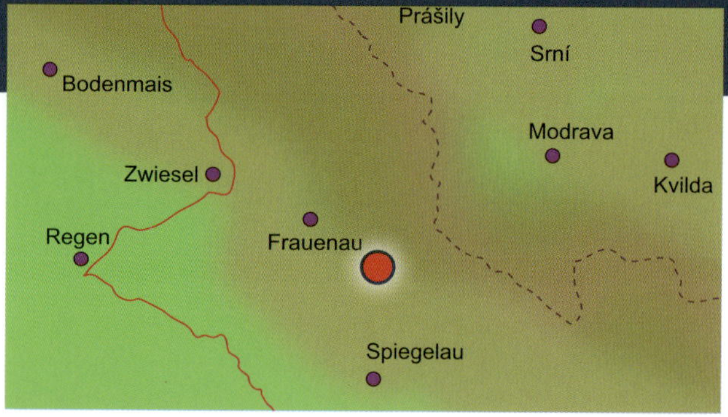

ROTBACH

1903 Georg Benedikt von Poschinger errichtete am 6. August 1872 am Rotbach in der Nähe des Bahnhofs Linden-Klingenbrunn eine Schwelle aus Holz. Sie war 4,50 m hoch, 16,5 m breit und 9,5 m in der Sohle lang. Der Guts- und Fabrikbesitzer Eduard Freiherr von Poschinger in Frauenau ersetzte diese Schwelle aus Holz im Jahre 1903 durch eine betonierte Triftschwelle, die etwa die gleiche Größe hatte. Es war die erste betonierte Schwelle des Grenzwaldes. Max Fischl aus Rabenstein-Zwiesel war 46 Jahre lang Förster in den Poschinger Wäldern. In den 50er Jahren überwachte er die letzte Trift an der Flanitz- und an der Rotbach-Schwelle. Das Holz war für die Papierfabrik in Teisnach bestimmt. Dann geriet die erste betonierte Schwelle am Rachelhang in Vergessenheit. Diese Triftschwelle im Grenzwald wird heute in den Wäldern der Freiherren Poschinger als schönes Biotop erhalten.

Quelle: Landratsamt Regen – Amtsblatt für das königliche Bezirksamt Regen, 30. April 1909

Rotbachschwelle – Fotos Marita Haller

Rotbachschwelle um 1900 – Glasmanufaktur von Poschinger

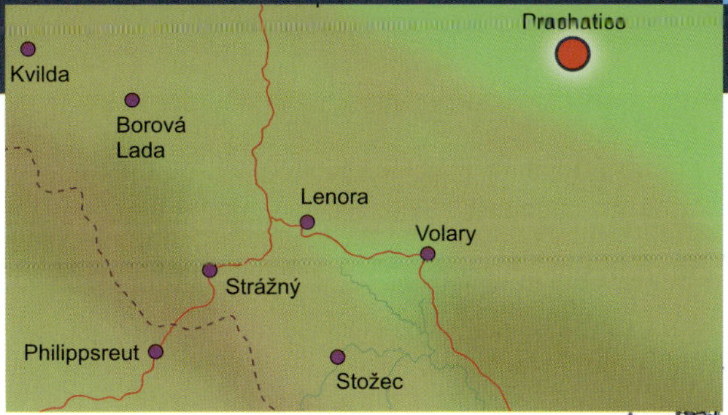

PRACHATITZ

7 m In Prachatitz (Prachatice) gibt es nicht nur die größte Sonnenuhr im Böhmerwald, sondern in ganz Mitteleuropa. Man findet sie vor dem Unteren Tor. Sie hat 7 m Spannweite und einen 3 m langen Zeiger. Sie wurde vom Bildhauer Zdeněk Šimek im Jahr 1971 aus Marmor gefertigt. Der Künstler hat sich von antiken Observatorien Indiens inspirieren lassen. Die Uhr ist nicht nur wegen ihrer Größe, sondern auch wegen ihres horizontalen Aufbaus und der außergewöhnlichen Plastik einmalig.

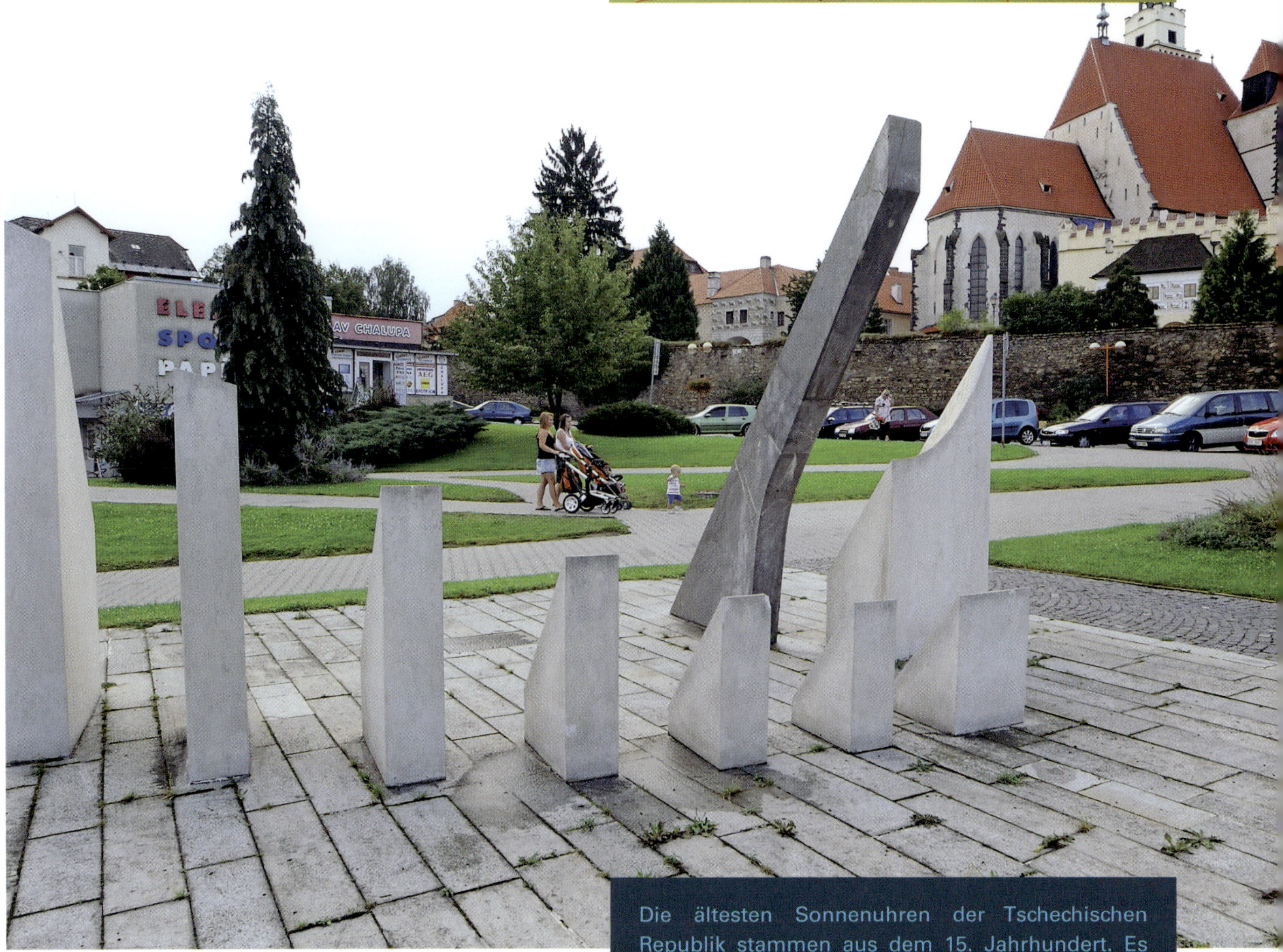

Die ältesten Sonnenuhren der Tschechischen Republik stammen aus dem 15. Jahrhundert. Es gibt sie noch in Kolin (Kolín), Teltsch (Telč) oder in Zlabings (Slavonice).

DER MOLDAUSTAUSEE

48,7 km²

Der Moldaustausee wird auch das „Tschechische Meer“ genannt. Er ist die größte Wasserfläche der Tschechischen Republik. Das Kraftwerk an der Moldau wurde in den Jahren von 1952 bis 1959 gebaut. Der Damm befindet sich im Ort Lipno an der Moldau (Lipno nad Vltavou). Am breitesten ist der Stausee bei Schwarzbach (Černá v Pošumaví), wo die Ufer fünf Kilometer voneinander entfernt sind. Am rechten Ufer reicht er bis an die österreichische Grenze. Der Stausee ist 42 km lang und hat ein Volumen von 300 Millionen Kubikmeter Wasser. Die tiefste Stelle ist 25 m unter der Wasseroberfläche. Der Damm des Moldaustausees liegt 729 m über dem Meeresspiegel. Er ist 25 m hoch und 296 m lang. Im Stausee gibt es neben etlichen kleinen Inseln eine deutlich größere mit dem Namen Tajvan.

Der Moldaustausee ist nicht nur ein Wasserspeicher für das Kraftwerk, er ist auch eine interessante Urlaubsregion. Im Winter, wenn die Wasseroberfläche zugefroren ist, gibt es zwischen Lipno an der Moldau und Friedberg (Frymburk) eine gut gepflegte Schlittschuhbahn. Sie ist 11 km lang und bis zu 6 m breit.

Der Damm am Moldaustausee

Der Moldaustausee bei Frymburk (Friedberg)

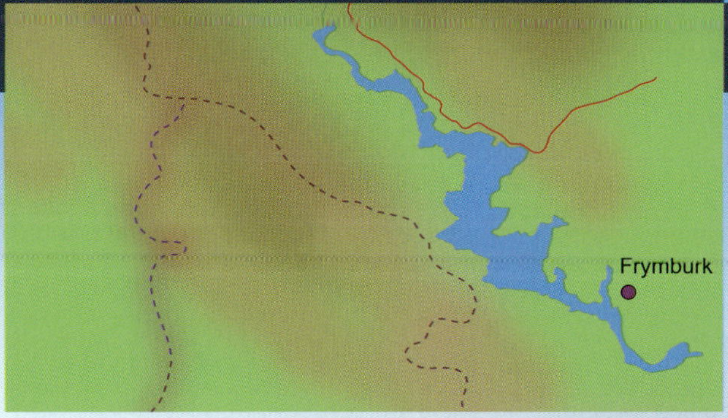

Prag – Lipno an der Moldau 202 km
Pilsen – Lipno an der Moldau 183 km
Budweis – Lipno an der Moldau 56 km
Passau – Lipno an der Moldau 94 km

FRAUENAU

85 m hoch

Der rund 85 m hohe Staudamm der Trinkwassertalsperre Frauenau war zum Ende der Bauzeit 1983 der höchste Steinschüttdamm in der Bundesrepublik Deutschland. Die Talsperre wird vom Kleinen Regen und vom Hirschbach gespeist. Die Dammkrone ist 640 m lang. Die Talsohle befindet sich in 700 m NN. Der Gesamtstauraum fasst 22 Millionen Kubikmeter Wasser, das Dammvolumen beträgt 25 Millionen Kubikmeter. Der Damm besteht aus einem Dichtungskern aus steinigem Lehm, der von einer zentralen Tonbetonwand luft- und wasserseitig von Schüttungen aus Felstrümmern flankiert wird.

Die Bauzeit dauerte von 1976 bis 1983. Zuvor musste der Glashüttenweiler Hirschbach weichen. Ein Holzhaus des ehemaligen Weilers wurde abgetragen und in Zwiesel neu aufgebaut. Der Ort Hirschbach besteht heute nur noch in der Erinnerung.

Die Trinkwassertalsperre dient der Sicherung der Trinkwasserversorgung in weiten Teilen Niederbayerns, da aufgrund der geologischen Situation im Bayerischen Wald ein Grundwassermangel vorherrscht. Jährlich werden dem Zweckverband Fernwasserversorgung Bayerischer Wald bis zu 15 Millionen Kubikmeter Wasser zur Verfügung gestellt. Dem Zweckverband gehören die Landkreise Cham, Deggendorf, Dingolfing-Landau, Freyung-Grafenau, Passau, Regen und Straubing-Bogen an. Die Stadt Zwiesel bezieht ihr Trinkwasser jedoch aus den Quellen des Berges Falkenstein. Der Eigentümer dieses Bauwerkes ist der Freistaat Bayern.

Quelle: Informationstafeln Trinkwassertalsperre
Fotos: Marita Haller; Luftaufnahme: Günther Haller

Abgebrochener Weiler Hirschbach um 1975 – Foto Günther Haller

Die Trinkwassertalsperre ist Ausgangspunkt für etliche Wanderrouten und Radwege. Man gelangt zu ihr von Oberfrauenau, von Buchenau oder vom Infozentrum „Regenbrücke" aus.

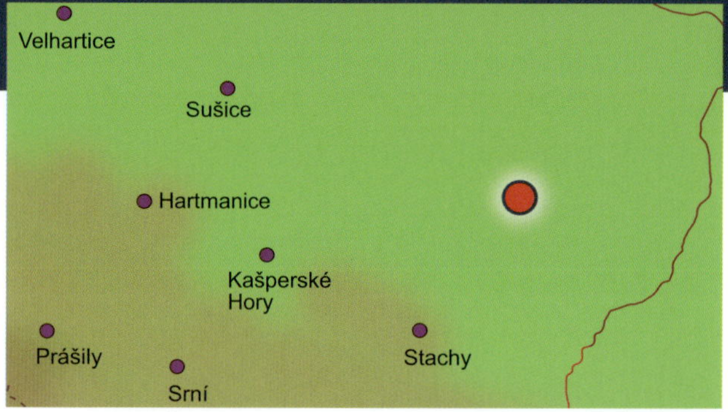

HOSLOWITZ

16. Jahrhundert

Die mittelalterliche Wassermühle Hoslowitz (Hoslovice) ist die älteste erhaltene Mühle in Tschechien. Hoslowitz liegt nördlich von Watzau (Vacov). Die einmalige Sehenswürdigkeit besteht aus einem Wohnbereich, Stallungen, einer Scheune und einem Schuppen. Zur Mühle gehören ein Teich mit einem Mühlkanal, Bäume und Wiesen. Der einstöckige Wohnbereich ist weitläufig und hat einen 12 x 16 m großen Grundriss. Das Wasser für die Mühle wird mit Holztrögen aus dem Teich geholt. Der Mühlkanal ist 150 m lang und beginnt oberhalb eines kleinen Sees am Bach. Erstmals erwähnt wurde das Dorf 1352.

Eine dendrochronologische Untersuchung hat ergeben, dass die Stämme für den Bau des Getreidespeichers in den Jahren 1568 bis 1569 gefällt wurden. Schriftlich erwähnt wurde die Mühle zum ersten Mal 1654. In den 90er Jahren wurde der Betrieb der Mühle eingestellt.

Prag – Hoslowitz 130 km
Pilsen – Hoslowitz 80 km
Budweis – Hoslowitz 103 km
Passau – Hoslowitz 103 km

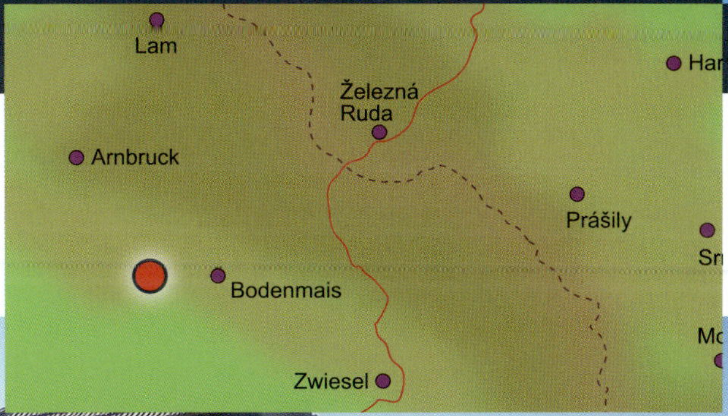

BÖBRACH

1280 Der Ort Böbrach besitzt mit der Böbrachmühle die vermutlich älteste noch funktionierende Mühle im Bayerischen Wald.

Erstmals urkundlich erwähnt wurde das Anwesen Böbrachmühle im Jahr 1280. Das Bauwerk ist heute unbewohnt, hat keine Heizung und ist nicht ans öffentliche Stromnetz angeschlossen.

Konrad Müller aus Arnbruck hat die bis 1993 mit Wasserkraft betriebene Böbrachmühle von seinem Onkel Xaver Ebner Müller geerbt. Dessen Bruder betrieb das dazugehörige Sägewerk bis zum Jahr 2005. Konrad Müller möchte seit Jahren das Anwesen sanieren, scheiterte jedoch bisher an den Vorgaben der Behörden.

Quelle: Zeitungsbeilage „40 Jahre Landkreis Regen" des Bayerwald Boten vom 30.6.2012; Bericht Bayerwald Bote vom 11.8.2010
Fotos: Böbrachmühle 2012 – Marita Haller

gr.: Mühle mit Wasserrad, kl.: Rückseite der Mühle

Der Bau von Wassermühlen verbreitete sich in Mitteleuropa erst in der Zeit der Kreuzzüge, nachdem deren Teilnehmer aus dem Orient zurückgekehrt waren. Benediktinermönche brachten diese Erfindung im 12. Jahrhundert nach Böhmen.

WEIKL-SÄGE IN ZWIESEL

1478 Als Christoph Kolumbus im Jahr 1492 Amerika entdeckte, arbeitete in Zwiesel bereits eine Marktmühle mit Sägewerk (1478). Sie lag am Kleinen Regen, am heutigen Standort der Weikl-Säge. Bei dem Marktbrand von 1832 brannten sowohl Mühle als auch Sägewerk ab, wurden jedoch 1833 an gleicher Stelle wieder aufgebaut. 1861 heiratete der Müllerssohn Xaver Weikl aus Bodenmais in das Unternehmen ein. Das Sägewerk wurde überwiegend mit Triftholz aus dem Kleinen Regen beliefert.

1896 errichtete Max Weikl ein neues Vollgatter. Er modernisierte das Sägewerk, da die inzwischen aufkommenden staatlichen Kunstmühlen die privaten Mühlen immer weiter verdrängt hatten. Nachdem 450 Jahre lang Wasserräder sowohl Mühle als auch Sägewerk angetrieben hatten, baute Maria Weikl nach dem Tod ihres Mannes im Jahr 1924 eine 45-PS-Turbine ein. 1935 übernahm Sohn Max Weikl das gesamte Anwesen. 1972 ging es an seine drei Kinder über. Mittlerweile ist das Sägewerk in der fünften Generation im Besitz der Familie Weikl und noch immer in Betrieb. Seit 534 Jahren also steht die Säge an gleicher Stelle. Martina Weikl schwemmt noch immer Holzbloche für Bretter bis maximal 11 m Länge über einen Kanal in ihr Werk, der vom Kleinen Regen abzweigt. Die Weikl-Säge ist das einzige Sägewerk in Zwiesel, in dem Bretter und Bauholz geschnitten werden.

Quelle: Sägewerk Weikl, Zwiesel

Sägewerk Weikl Aufnahme 2012 – Foto Marita Haller

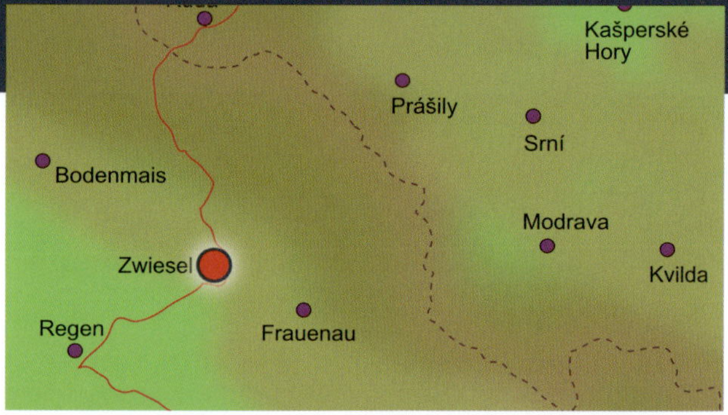

Ältestes Sägewerk Weikl um 1900 – Foto Alfred Baran

Sägewerk Weikl 1977 – Foto Martina Weikl

Die Bewohner des Böhmerwaldes und des Bayerischen Waldes haben immer versucht, alle „Gaben des Waldes" zu nutzen. Der Hauptrohstoff war Holz. Er wurde zur Herstellung von Werkzeugen und Geräten, als Brennholz für den Haushalt oder für die Glasherstellung und als Baumaterial verwendet. Vom 19. Jahrhundert an hat sich die industrielle Holzverarbeitung entwickelt. Möbel, Leisten, Rahmen, Schindeln, Balken und Papier wurden aus dem Böhmerwald ins Landesinnere geliefert.

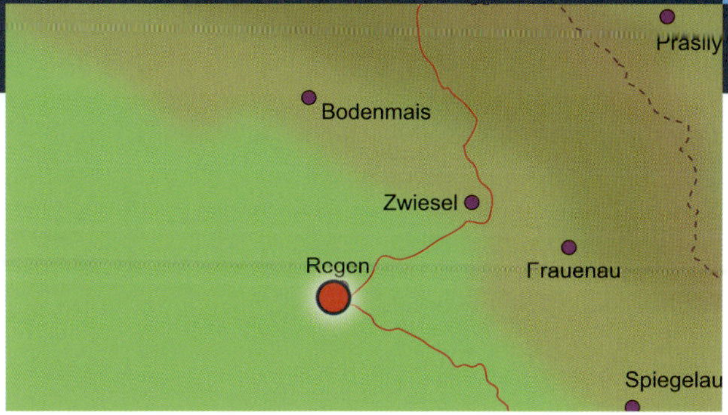

LANDWIRTSCHAFTS-MUSEUM REGEN

Um das Jahr 1930

Im Niederbayerischen Landwirtschaftsmuseum in der Kreisstadt Regen wird nicht nur die Geschichte der Region repräsentativ aufgearbeitet, es birgt auch historische Raritäten, die heute noch funktionieren. Das ausgestellte Einsägeblatt-Seitengatter ist das älteste Wandersägegatter mit Dampflokomotiven Antrieb im Bayerischen Wald, das bei Festen noch heute zur Freude der Touristen zum Einsatz kommt. Es schneidet Stämme ab 1 m Länge und bis 90 cm Durchmesser. Solche Holzbretter verwendet man zum Beispiel zur Herstellung von Schützenscheiben. Gebaut wurde das Sägegatter um 1930. Früher wurden solche Wandersägegatter im ganzen Bayerischen Wald eingesetzt.

Quelle: Niederbayerisches Landwirtschaftsmuseum

Ältestes Wandersägegatter

Das Holz wurde aus den Wäldern zum Bach gebracht und zu den mit Wasserkraft arbeitenden örtlichen Sägen getrieben. Eine andere Variante war die Trift in bearbeitetem Zustand ins Landesinnere.

SILBERBERG

1912 Die Geschichte des Bergbaus im Silberberg (965 m) bei Bodenmais, reicht urkundlich bis in das Jahr 1311 zurück. Aufgrund seiner historischen Bergbauspuren über und unter Tage und seinen zahlreichen Mineralien gehört der Silberberg, mit seinem markanten Doppelgipfel neben dem Pfahl zu den bekanntesten geologischen Sehenswürdigkeiten des Bayerischen Waldes. Dem Geologen Fritz Pfaffl aus Zwiesel zufolge kann der Silberberg sage und schreibe 84 Mineralien aufweisen. Damit ist es der Berg mit den meisten Mineralien im Bayerischen Wald. Für den Abbau wertvoll machten den Silberberg die reichen Schwefel- und Magnetkiesvorkommen. Bis Mitte des 16. Jahrhunderts in etwa lag das Hauptaugenmerk auf dem Blei- und Silberabbau. Dann trat immer mehr die Vitriol-, Alaun- und Potéegewinnung in den Vordergrund. Im Deutschen Reich hatte Bodenmais das Weltmonopol für Polierrot.

Als Eigentümer wechselten sich der Staat und Privatbesitzer ab. 1772 wurde das Bergwerk mit einem Streckensystem von 20 Kilometern dann endgültig verstaatlicht. Die Edelmetallgewinnung endete 1845. 1927 wurde der Betrieb in eine Aktiengesellschaft umgewandelt. Im Mai 1962 fuhren die Bergleute zur letzten Schicht ein. Im Mai 2006 wurden die Mineralien im Silberberg in Bodenmais als „Nationales Geotop" ausgezeichnet.

Heute ist der Silberberg vor allem eine Freizeit- und Tourismusattraktion. Im 600 m langen Barbarastollen ("Barbaraverhau" 30 m Höhe) finden interessante Bergwerksführungen statt. Es wird auch eine Stollentherapie für Atemwegserkrankungen angeboten. Darüber hinaus lädt eine Sommerrodelbahn zur Abfahrt ein. Ein Sessellift erleichtert den Berganstieg. Kinder freuen sich zudem über Spielplätze und einen Streichelzoo. Im Winter bietet das Skigebiet Silberberg als Besonderheiten eine Winterrodelbahn und einen Kinder-Skipark an.

Quelle: Geologe Fitz Pfaffl, Zwiesel, Tourist Information Bodenmais

Silberberg mit Erz-Aufbereitungshütten um 1900 – Foto Elisabeth Kammerer

Barbarastollen – Besucherbergwerk Silberberg

Železná Ruda
Arnbruck
Prášily
Bodenmais
Zwiesel
Regen
Frauenau

• • RUND UM DIE EISENBAHN

PILSEN – MARKT EISENSTEIN

1876 Die erste Eisenbahnstrecke in den Böhmerwald wurde von Pilsen (Plzeň) nach Markt Eisenstein (Železná Ruda) gebaut. Das Gelände war anspruchsvoll und machte den Bau schwierig. Deshalb wurde am 6. Oktober 1876 der Betrieb nur auf der Strecke Pilsen – Neuern (Nýrsko) begonnen. Der Bahnhof in Pilsen war provisorisch und ist heute die Haltestelle Plzeň Zastávka. Eigentümer der Bahn war die Privilegierte Eisenbahngesellschaft Pilsen-Priesen („Plzeňsko-březenské dráhy"), die erst am 1. Juli 1884 verstaatlicht wurde. Auf die Inbetriebnahme der ganzen Route bis nach Eisenstein (Železná Ruda) musste man noch ein volles Jahr warten. So lange dauerte es, bis die härteste Nuss der Strecke – der Spitzberg Tunnel (Špičácký tunel) – geknackt war. In Eisenstein – Elisenthal (Alžbětín) wurde ein exakt an der tschechisch-deutschen Grenze stehender Bahnhof gebaut. Die Grenze verlief lange Zeit im Bahnhof. Auf der bayerischen Seite führt die Bahnstrecke in Richtung Zwiesel und Plattling weiter. Nach dem Fall des „Eisernen Vorhangs" durften die Personenzüge nicht mehr bis an die Grenzstation Markt Eisenstein weiter fahren. Sie mussten schon an der Haltestelle in Markt Eisenstein – Stadt halten.

Einige Zahlen belegen den „Bergcharakter" der Strecke: Der Hauptbahnhof in Pilsen liegt auf 325 m Seehöhe, Pschestitz (Přeštice) dann auf 375 m Seehöhe und Klattau (Klatovy) auf 400 m. Dann steigt die Strecke enorm: Janowitz an der Angel (Janovice nad Úhlavou) ist schon auf 415 m, Neuern auf 465 m Seehöhe und der Bahnhof Hammern-Eisenstraß (Hamry-Hojsova Stráž) auf 740 m Seehöhe. Die höchstgelegene Bahnstation ist der Spitzberg (Špičák) auf 840 m Seehöhe. Eisenstein-Stadt liegt dann wieder auf 790 m und Markt Eisenstein – Elisenthal bei 725 m Seehöhe.

Die „südliche" Bahnstrecke Böhmerwald-Zitschenitz (Čičenice)-Wallern (Volary) ist jünger. Sie wurde 1893 in Richtung Prachatitz (Prachatice) und 1899 nach Wallern (Volary) in Betrieb genommen.

Der gemeinsame tschechisch-deutsche Bahnhof in Elisenthal (Alžbětín) auf einer Ansichtskarte aus dem Jahr 1901.

Der „Baraber-Friedhof" – der Ort der letzten Ruhestätte der Arbeiter, die beim Bau des Spitzberg Tunnels ums Leben gekommen sind.

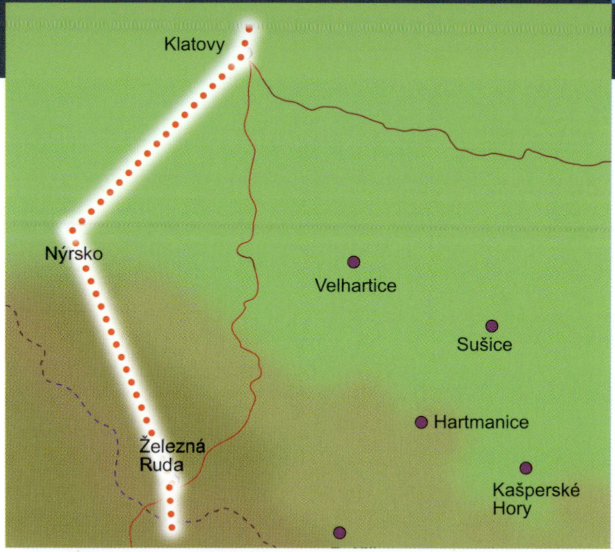

Die Bahn nach Markt Eisenstein (Železná Ruda) führt durch das Frischwinkel-Tal (Brčálnické údolí)

Der Bahnhof Elisenthal (Alžbětín) – Bayerisch Eisenstein ist einzigartig. Er wurde 1877 feierlich eröffnet. Die tschechisch-deutsche Grenze verläuft mitten im Gebäude. 1953 wurde der Bahnhof aufgelöst und die Strecke mit Hindernissen gesperrt. Erst nach 1989 wurde er wieder geöffnet. Heute ist im Bahnhof ein großes Info-Zentrum.

NEUTHAL

105 m

Neuthal (Nové Údolí) kann sich einer kuriosen Attraktion rühmen. Von hier aus führt die kürzeste Bahnstrecke in den Böhmerwald. Die „Böhmerwald-Südbahn" ist die kürzeste internationale Zugverbindung der Welt: sie ist nur 105 m lang und die Fahrt dauert 24 Sekunden. Sie erinnert an die früher einmal rege Eisenbahnverbindung, die von Budweis (České Budějovice) über Strodenitz (Rožnov) nach Wallern (Volary), Schwarzes Kreuz (Černý Kříž), Neuthal (Nové Údolí) und weiter nach Passau führte. Von Neuthal führten die Gleise in das benachbarte bayerische Haidmühle. Die Strecke vom Schwarzen Kreuz nach Haidmühle wurde am Dienstag, 15. November 1910 in Betrieb genommen. Sie war die letzte internationale Strecke in der Region und eine der letzten Lokalbahnen überhaupt. Sie verband Passau und das Gebiet um Wallern und wurde vor allem von Touristen benützt, die so bequem in die südböhmischen Städte gelangen konnten. Während des Zweiten Weltkrieges wurde sogar eine Schnellzug-Verbindung zwischen Passau und Krumau (Český Krumlov) eingeführt.

Vor dem Krieg standen in Neuthal mehr als 40 Gebäude, eine Polizei- und Zollstation, zwei Gaststätten, ein Tanzsaal, ein Gutshof der Schwarzenberger und ein Bahnhof.

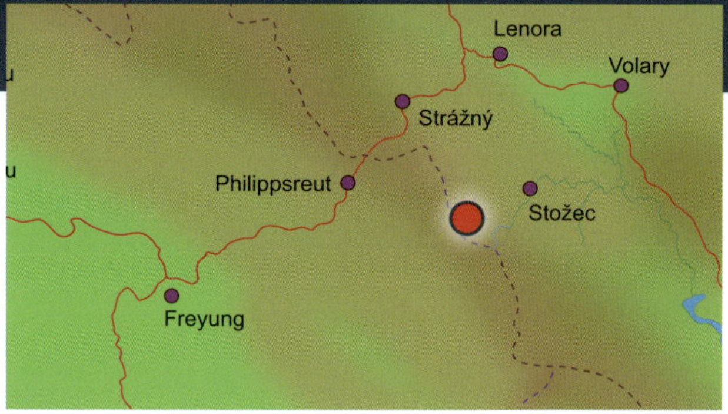

Nach der Vertreibung der deutschen Bevölkerung und der Abriegelung der Grenze ist das Leben im Ort zusammengebrochen. Die Menschen aus Neuthal, Schillerberg (Radvanovice), Schönberg (Krásná Hora), Oberzassau (Horní Cazov) und Unterzassau (Dolní Cazov) wurden ausgesiedelt, ihre Dörfer niedergerissen. In Neuthal blieb nur eine Scheune übrig.

Mit dem Eisernen Vorhang wurde auch der Betrieb auf der Eisenbahnstrecke 1951 stillgelegt. Die Gleise zwischen den Grenzorten wurden herausgerissen.

Idealisten des Vereins „Böhmerwald-Südbahn" ist es zu verdanken, dass man heute wieder über die Grenze fahren kann. Der Verein hat am ursprünglichen Verlauf der Bahn neue Schienen verlegt und so den Grenzverkehr auf einer kurzen Strecke wieder hergestellt. Hier fahren nun eine Replike der Dampflok „Gigant" und eine Draisine.

Prag – Neuthal 181 km
Pilsen – Neuthal 150 km
Budweis – Neuthal 93 km
Passau – Neuthal 70 km

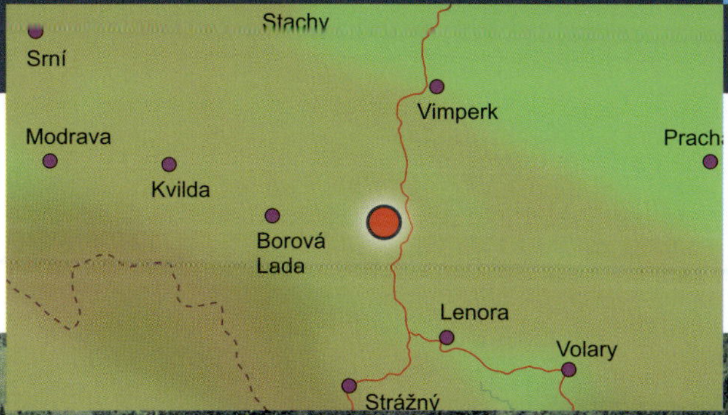

KUBOHÜTTEN

995 m NN

An der 1899 fertiggestellten Bahnstrecke zwischen Winterberg (Vimperk) und Wallern (Volary) steht auf 995 Metern Seehöhe der höchstgelegene Bahnhof in der Tschechischen Republik – Kubohütten. Die Bahnstrecke wurde hauptsächlich von italienischen Arbeitern gebaut und überwindet einen Höhenunterschied von 300 Metern – den Sattel zwischen Kubany (Boubín) und dem Scherauer Berg (Obrovec). Die Gleise sind damit noch steiler verlegt, als die auf den österreichischen Semmering.

Kubohütten (Kubova Huť) liegt acht Kilometer südlich von Winterberg und wurde im 18. Jahrhundert als Glasmacherort gegründet. Erstmals erwähnt wird Kubohütten (Kubova Hut) im Jahr 1728, als hier Johann Podschneider eine Glashütte baute. Die neue Siedlung bekam ihren Namen nach dem Amtmann Guba. Der Ort wurde am früheren Goldenen Steig errichtet. Heute ist er vor allem Ausgangspunkt für Wanderungen zum Kubany (Boubín) oder in den Kubany-Urwald (Boubínský prales). Im Ort sind einige historische Bauten wie Kubesch (u Kubešů) und Gec (u Geců) erhalten, die noch die ursprüngliche Architektur des Böhmerwaldes zeigen. Das Forsthaus der Schwarzenberger aus dem Jahr 1908 steht ebenfalls noch.

Prag – Kubohütten 152 km
Pilsen – Kubohütten 118 km
Budweis – Kubohütten 70 km
Passau – Kubohütten 68 km

OHE-BRÜCKE

48.3 m

Auf der Strecke Plattling–Bayerisch Eisenstein befindet sich die höchste Eisenbahnbrücke im Bayerischen Wald. Sie ist auch die zweithöchste von ganz Bayern. Diese so genannte „Ohe-Brücke" ist 48,3 m hoch und 308 m lang. Sie überquert die Bundesstraße B11 und den Fluss Ohe in der Nähe der Stadt Regen. Die höchste Eisenbahnbrücke von ganz Bayern ist die Bahnbrücke Königswart, bei Wasserburg am Inn. Sie ist zwar mit 50 m Höhe die höchste Brücke Bayerns, aber nur 279 m lang.

Im Dezember 1874 plante man die Ohe-Brücke zweigleisig. Im Juni 1877 wurde die Brücke bereits fertiggestellt, jedoch ist sie bis heute nur eingleisig befahrbar. Die Vision, zwischen München und Prag eine zweigleisige Eisenbahnverbindung zu bauen, wurde leider nie realisiert, obwohl die Voraussetzungen dafür bei der Breite der Pfeiler und der Tunnels geschaffen waren.

Die mächtige Ohe-Brücke ist ein Technik-Denkmal erster Güte. Vier jeweils 73 m lange Stahlgitterträger lagern auf Granitquaderpfeilern. Viele Handwerker und Arbeiter schufteten mit Unterstützung von 220 Pferden auf dieser gewaltigen Baustelle. Die für den Bau benötigten Steine suchte man in der Umgebung zusammen. Für das benötigte Eisen waren die Firmen Spaeth bei Nürnberg und die Süddeutsche Brückenbau AG in München verantwortlich. Es wurde über eine Materialbahn auf der Bahntrasse angeliefert. Nach den Recherchen von Autor Walther Zeitler wurden 863 t Schmiedeeisen, 15,6 t Gusseisen und 3,5 t Nieten und Schrauben verarbeitet. Ingenieur Rudolf Hager rechnete seinerzeit die Brücke mit 377.000 Gulden ab. Die Brücke überlebte sogar Sprengversuche kurz vor Kriegsende 1945. Während der Bauarbeiten beschloss Bayern per Gesetz die Verstaatlichung der Bayerischen Ostbahn zum 10. Mai 1875. Man führte sie am 1. Januar 1876 mit der Bayerischen Staatsbahn zusammen. Dadurch wurde die Strecke Plattling – Deggendorf – Gotteszell – Regen – Zwiesel – Ludwigsthal von der Bayerischen Staatsbahn am 16. September 1877 in Betrieb genommen. Nach Fertigstellung der Deffernik-Brücke ging die insgesamt 74,7 km lange Strecke am 15. November 1877 bis Eisenstein in Betrieb.

Ohebrücke bei Frauenmühle

Höchste Brücke (1915) bei Oleumhütte (Ort umbenannt)

Quelle: Walther Zeitler, Die Bayerische Waldbahn 1991
Fotos: Marita Haller

Ein interessantes technisches Denkmal ist auch die Eisenbahnbrücke bei Klösterle (Klášterský viadukt). Sie ist eine gemauerte, Ende des 19. Jahrhunderts erbaute Brücke mit vier Bögen an der Bahnstrecke zwischen Winterberg (Vimperk) und Wallern (Volary).

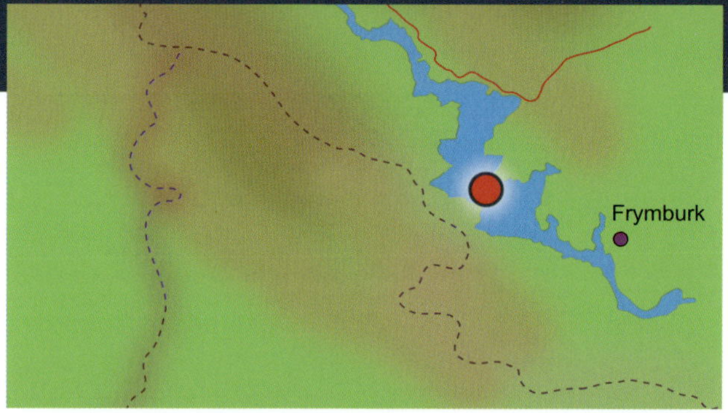

UNTERMOLDAU

1.500 m

Die längste Überfahrt mit der Fähre im Böhmerwald misst 1.500 m. Die 50 t schwere Fähre mit dem Namen „Šumava" (Böhmerwald) bringt die Passagiere über den Moldaustausee (Lipenská přehrada) von Untermoldau (Dolní Vltavice) nach Sarau (Kyselov). Die Fahrt dauert etwa 15 Minuten und geht oberhalb des überschwemmten Teils der ursprünglichen Ortschaft Untermoldau vorbei. Wahrzeichen des Ortes war die 1325 fertiggestellte Leonhardskirche (Kostel sv. Linharta), die einige Male umgebaut wurde. Erstmals erwähnt wurde Untermoldau 1268. Die Geschichte von Kirche und Ort endet mit dem Bau des Moldaustausees. Die Kirche wurde abgerissen, und der Ort verschwand unter der Wasseroberfläche.

Ortschaft Untermoldau auf einer zeitgenössischen Ansichtskarte

Prag – Untermoldau 195 km
Pilsen – Untermoldau 169 km
Budweis – Untermoldau 50 km
Passau – Untermoldau 67 km

SPITZBERG TUNNEL

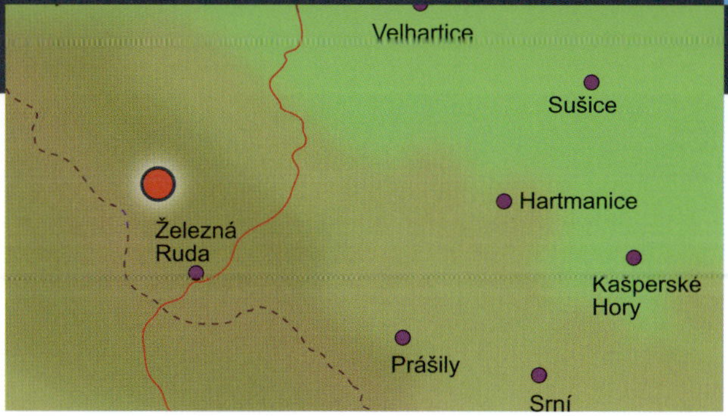

1.748 m

Der Eisenbahntunnel unter dem Spitzberg (Špičák) ist genau 1.748 m lang. Bis vor kurzer Zeit war das nicht nur im Böhmerwald Rekord, sondern in der ganzen Tschechischen Republik. Im Jahr 2007 wurde der Spitzberg Tunnel aber von dem Priesener Tunnel (Březenský tunel) übertrumpft. Er ist um 11 m länger.

Der Spitzberg Tunnel wurde 1876 fertiggestellt und war damals ein technisches Wunder. Er war der längste Tunnel in Österreich-Ungarn. Während der dreijährigen Bauarbeiten wurden 100.000 Kubikmeter Glimmerschiefer gesprengt. 60 Arbeiter sind dabei ums Leben gekommen. Tausende von Arbeitern, sogenannte „Baraber", sind aus südlichen Ländern wie Italien oder Dalmatien in den Böhmerwald eingewandert. Die tschechische Bevölkerung hat sich um die harte und gefährliche Arbeit nicht gerissen.

Das Tunnelportal am Spitzberger Bahnhof

Das Portal beim Frischwinkel (Brcalnik)

Der Tunnel vom Frischwinkel-Tal nach Böhmisch Eisenstein hat die Verbindung nach Bayern möglich gemacht. Der schwierige Bau war keineswegs nur Komfort für Bahnreisende und Besucher des Böhmerwaldes. Die große Investition diente vor allem dem Kohletransport von Nordböhmen über Pilsen nach Deutschland. Aber die Eisenbahnstrecke hat nebenbei den bis dahin schlecht erreichbaren Böhmerwald für Touristen aus Klattau (Klatovy), Pilsen (Plzeň) oder Prag (Praha) attraktiv gemacht. Es begann die Ära des Tourismus.

Am 20. September 1877 wurde der gemeinsame böhmisch-bayerische Bahnhof Eisenstein (Železná Ruda) eröffnet. Am 15. Oktober desselben Jahres wurde die Strecke Pilsen – Eisenstein an die bayerische Ostbahnstrecke angebunden. Ab sofort konnten die Züge zwischen beiden Staaten pendeln. Der Zug passiert den Tunnel in vier Minuten. Das Südportal liegt 830 m hoch.

Historische Aufnahme des Spitzberger Bahnhofs

Auf der Strecke Pilsen – Markt Eisenstein gibt es noch zwei Tunnel. Der erste ist ungefähr 165 m lang und liegt zwischen den Stationen Deschenitz (Dešenice) und Grün (Zelená Lhota). Der zweite Tunnel verbindet die Stationen Markt Eisenstein-Stadt und Zentrum.

• • EINZIGARTIGE OBJEKTE ALLGEMEIN

BERGREICHENSTEINER SCHATZ

3.755 Münzen

Nur 40 cm unter der Decke des Bergreichensteiner Stadtplatzes war der größte Münzschatz begraben, der jemals im Böhmerwald gefunden wurde. Er wurde 2009 von Archäologen entdeckt, die vor der Sanierung des Stadtplatzes ehemalige Bergbauschächte untersucht haben. Der Münzschatz wurde an der Stelle gefunden, an der früher die Bergreichensteiner Fleischerei war. Er war in einer Keramik-Tasse versteckt. Unter einem Holzdeckel fanden die Archäologen 3.755 Münzen. Es handelte sich um Dreikreuzer, Kreuzer, Heller und Pfennige, die aus

Böhmen und Mähren stammten, aber auch aus Bayern, Sachsen, Österreich, Tirol, der Steiermark und Schlesien. Die älteste Münze war der tschechische „Parvus" mit dem Konterfei Johann von Luxemburg (Jan Lucemburský). Die jüngste Münze ist der Prager Dreikreuzer Ferdinands II. mit der Jahreszahl 1630. Zu den wertvollen Stücken gehörten Münzen aus der Prägung des kaiserlichen Heerführers Albrecht von Wallenstein (Albrecht aus Valdstein) oder die Dreikreuzer Heinrich Slikas (Jindřich Šlikas), die in Plan bei Marienbad (Planá u Mariánských Lázní) geprägt wurden. Der Schatz war vermutlich in den unruhigen Zeiten des Dreißigjährigen Krieges von einem reichen Bürger der Stadt vergraben worden.

Ein Teil der Münzen ist im Böhmerwald Museum in Bergreichenstein ausgestellt.

Ein Parvus ist eine kleine Silbermünze, die von 1300 an mit dem Prager Dukaten geprägt wurde. Ein Groschen hatte den Wert von zwölf Parvus. 1384 wurde der letzte Parvus geprägt.

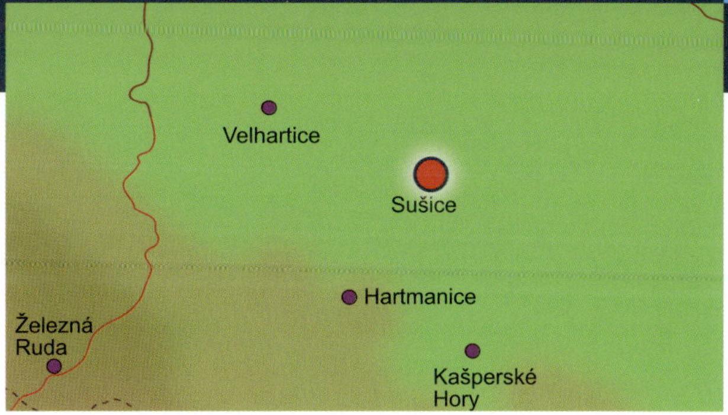

SCHÜTTENHOFENER BETHLEHEM

16m² Zwei Holzschnitzer aus dem Böhmerwald – Karl Tittl (Karel Tittl) und Paul Svoboda (Pavel Svoboda) – haben in zehn Monaten gemeinsam mit anderen Holzschnitzern das größte mechanische Bethlehem im Böhmerwald gebaut. 4.000 Arbeitsstunden stecken insgesamt in dieser Krippe. Seit 2004 ist die Schüttenhofener Krippe (Sušické jesličky) im Schüttenhofener Museum ausgestellt. Sie hat sechs Ebenen und eine Fläche von 6 x 3,5 x 2,8 m. Dreißig große Figuren stehen im Vordergrund, 150 feststehende und 150 bewegliche Figuren sind in die Schüttenhofener Landschaft gesetzt. Die Gesamtfläche der Krippe misst mehr als 16 m². Für den Bau wurden 30 m² Sperrholz, 1,5 m² Buchenholz und mehr als 6,2 m² Lindenholz verwendet. Die Schüttenhofener Krippe zeigt die Geschichte der Umgebung: klassische Holzarchitektur, Fachwerkhäuser, Bauernhöfe und historische Juwele wie die Synagoge in Schüttenhofen oder die Papierfabrik in Stubenbach (Prášily), die nur noch Zeitgenossen kennen werden. In die Landschaft sind markante Punkte und Sehenswürdigkeiten wie die Burgen Wilhartitz (Velhartice), Karlsberg (Kašperk) und Rabi (Rabi), der Aussichtsturm am Heiligen Hain (Svatobor), die Kirche des Hl. Maurentzen (sv. Mouřenec), die Schutzengel-Kapelle (Anděl Strážce) und bekannte Häuser in Schüttenhofen gesetzt.

In der Tschechischen Republik gibt es einige berühmte Krippen. Die bekannteste ist das Hohenbrucker (Třebechovický) Bethlehem. Es wurde von Josef Probošt, Josef Kapucián und Josef Friml geschaffen und zum Nationalen Kulturdenkmal erklärt.

SCHLOSS WINTERBERG

250 m² Für Besucher ist sie leider verschlossen, für die Nachwelt bleibt sie erhalten: eine von Handwerkern bei der Renovierung des Schlosses Winterberg zufällig entdeckte, 250 m² große, bemalte Renaissancedecke. Das Deckengemälde war während eines Umbaus in der Barockzeit verdeckt worden. Deshalb ist es bis heute unversehrt erhalten geblieben. Die ursprünglich repräsentativen Renaissance-Säle waren für die Zwecke der damaligen Forstverwaltung in kleinere Büros aufgeteilt worden. Ein kleiner Blick ist den Besuchern aber immerhin vergönnt: Durch eine Spalte kann man bei Schlossführungen einen Blick auf das größte Deckengemälde im Böhmerwald werfen.

Das Schloss Winterberg entstand durch den Umbau der von Purkart von Janovice gegründeten gotischen Burg. Die Burg war oberhalb der schon bestehenden, von Mönchen des bayerischen Klosters Wimberk gegründeten Stadt Winterberg (Vimperk) errichtet worden. Sie diente dem Schutz eines Zweiges des Goldenen Steiges.

Vorhof des Schlosses Winterberg (Vimperk)

Prag – Winterberg 142 km
Pilsen – Winterberg 109 km
Budweis – Winterberg 65 km
Passau – Winterberg 78 km

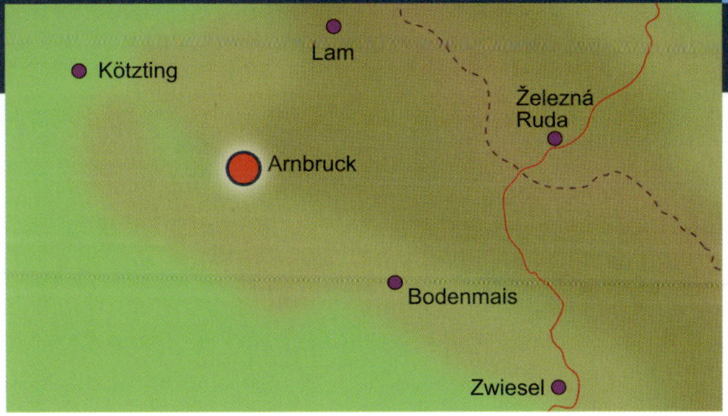

MARIA HEIMSUCHUNG IN ARNBRUCK

70 Totenbretter

In Arnbruck befindet sich im Umfeld der ehemaligen Wallfahrtskapelle „Maria Heimsuchung" die größte Totenbretteransammlung des Bayerischen Waldes. Bis vor Kurzem waren es noch 80 Bretter, die den Straßenlauf säumten. Zwischenzeitlich mussten jedoch etwa 10 Bretter entfernt werden, weil sie bereits zu stark verwittert waren. Das älteste Totenbrett in dieser Reihe stammt aus dem Jahr 1861. Als Totenbretter werden Holzbretter bezeichnet, auf welchen bis etwa ins 18. Jahrhundert hinein Tote in der guten Stube bis zum Begräbnis aufgebahrt wurden. Nach der Beerdigung stellte man die Bretter an einem Wegrand, im Wald oder bevorzugt an einem Bachlauf auf. Man glaubte, dass die Seele des Verstorbenen erst erlöst sei, wenn das Totenbrett verwittert war. Anfangs wurden nur drei Kreuze in das Holz geschnitzt, eingebrannt oder draufgezeichnet. Später schrieb man ausführlichere Texte und Gedichte zum Lob des Verstorbenen auf die Bretter. Aufwendigere Schnitzereien und farbige Malereien wurden erst ab der Mitte des 19. Jahrhunderts üblich.

Quelle: Tourist Info Arnbruck
Fotos: Marita Haller

Die Schrift in der Kapelle belegt das Jahr ihrer Entstehung 1644.

Vor allem im Bayerischen Wald und im Oberpfälzer Wald findet man noch den Brauch des Totenbretter Aufstellens. Heute werden die Toten aber nicht mehr auf diesen Brettern aufgebahrt, es sind nur noch Erinnerungen an die Verstorbenen

BÖHMERWÄLDLER PATTERL

14. Jahrhundert

Die ersten Böhmerwäldler Glashütten haben in der Mitte des 14. Jahrhunderts ihre Arbeit begonnen. Zu den ersten Produkten gehörten Patterl – Perlen für Rosenkränze, deren Name vom ersten Wort des lateinischen Vaterunser – pater – stammt. Schon um das Jahr 1430 waren Böhmerwäldler Patterl ein begehrter Handelsartikel. Im 16. Jahrhundert wurden Patterl in den Glashütten bei Stachau (Stachy), in Waid (Pašty), Zwoischen (Svojše), Voglsang (Podlesí) oder Seewiesen (Zejbiš) hergestellt. Vor dem Dreißigjährigen Krieg haben vor allem die Nürnberger Händler die Böhmerwäldler Patterl in großen Mengen in die Welt exportiert. Die Perlen hatten alle Farben – weiß, schwarz, grün, blau, gelb – und verschiedenste Formen. Ein Glasmacher konnte an einem Tag zwischen 1.000 und 3.000 Patterl herstellen.

Eine große Sammlung Böhmerwäldler Patterl wird im Böhmerwald-Museum (muzeum Šumavy) in Bergreichenstein (Kašperské Hory) verwaltet.

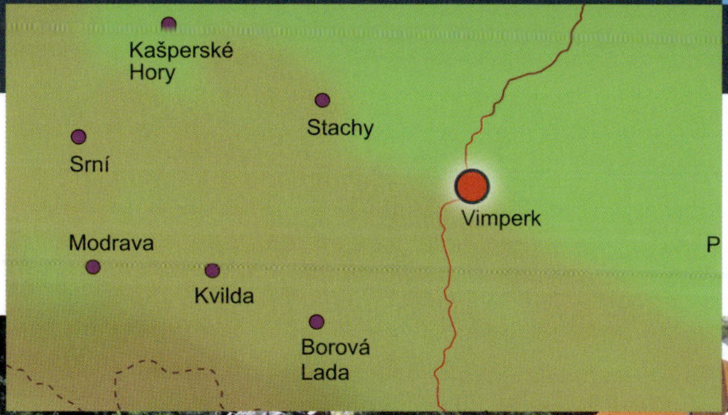

KALENDER MINUCI

1485 Winterberg (Vimperk) im Böhmerwald war nach Pilsen (Plzeň) die zweite tschechische Stadt, in der schon im 15. Jahrhundert Bücher gedruckt wurden. In Pilsen konnte das Druckgewerbe nicht Fuß fassen, aber Winterberg wurde zur tschechischen "Druckerei-Metropole". Im Jahr 1484 ist der Buchdrucker Jan Alacraw nach Winterberg gezogen. Er hat hier zwei Bücher in lateinischer Sprache gedruckt: „Selbstgespräche des Heiligen Augustus" und das Buch von Albertus Magnus „Summa de Eucharista Sacramento" in einem kostbaren Ledereinband.
Aus seiner Druckerei stammt auch der erste in tschechischer Sprache gedruckte Kalender für das Jahr 1485 mit dem Namen „Minuci". Eine seiner Seiten ist heute im Schloss Winterberg (Vimperský zámek) ausgestellt.

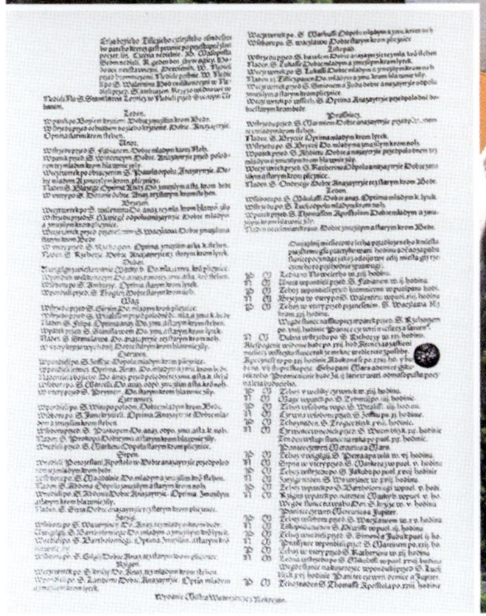

Die Sammlung historischer Kalender der Winterbergischen Druckerei.

kl.: Die einzige erhaltene Seite des ältesten tschechischen Kalenders. gr.: Schloss Winterberg (Vimperk)

JOSEF VÁCHAL

„DER STERBENDE UND ROMANTISCHE BÖHMERWALD“

64 x 48 cm

Im Jahr 1927 unternahm der Schriftsteller und Künstler Josef Vachal eine seiner Reisen durch den Böhmerwald. Dabei ist ihm eine außergewöhnliche Idee für ein neues Buch eingefallen. Er hat sich an eine bis zu diesem Zeitpunkt unvergleichliche Arbeit gemacht: Er schrieb den Text, schuf Farbholzschnitte und erfand für sein Buch sogar seine eigene, neue Schrift. Um alle 84 Seiten der Litera zu gießen, verbrauchte der Autor ein Gemisch aus 200 kg Zinn und Blei, benutzte zwei Schriftarten und sechzehn Farben. Das Ergebnis seiner Arbeit ist „Der sterbende und romantische Böhmerwald“ – ein monumentales, etwa 20 kg schweres Buch mit den Maßen 64 x 48 cm. Das Buch enthält 74 farbige Holzschnitte. Der Autor bezeichnete es als ein Danaergeschenk, das viel Lagerraum und viel Kraft zum Tragen braucht. Seine Arbeit am Buch begann Vachal am 19. Juli 1928 und er beendete sie am 3. Mai 1931. Insgesamt sind nur 11 Exemplare dieses Buches entstanden und davon sind manche ungebunden geblieben. Heute weiß man von 6 in Museen und Galerien erhaltenen Exemplaren. Ein Buch ist im Museum in Schüttenhofen (Sušice) aufbewahrt. Ein ungebundenes Exemplar besitzt das Böhmerwald-Museum in Bergreichenstein (Kašperské Hory).

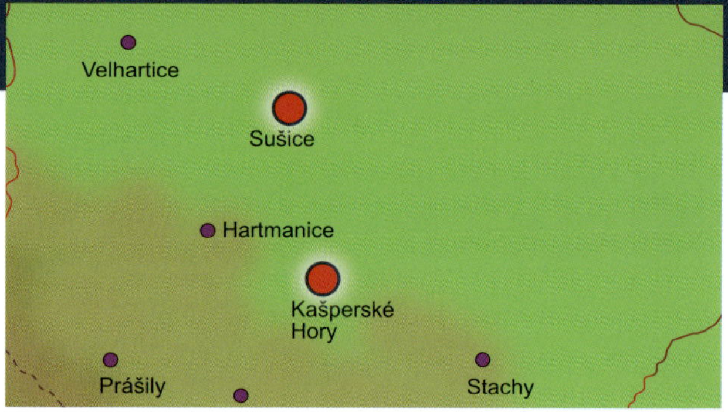

Leč zatím nerušenými zůstávají pannenská místa v Tvém klínu, v pohraničí, mezi slatěmi nepřístupnými a v odlehlých končinách, turistickému ruchu vzdálených hvozdech. Nechť užijí v Tobě návštěvníci prázdninoví vše co krásného můžeš jim dáti, spokojivší se odpadky, jimi zde zanechanými. Ať nerušeně přípravy k zkáze Tvých krás člověk vykonati zde může komunikacemi a polomy, v střed Tvůj zabodnutými co ohledací sonda; poslední návštěvníků příliv do hlubin lesů Tvých a štěstí jež pocítí v Tvých nádherách buď jedinou Tvou odměnou. Usněte hvozdy, ztratiž se vodstvo a zjihněte čela hor omšená na vždy: nastává nová era šumavskému kraji, střízlivá, bezútěšná a poslední; ROMANTIKA ztracena na vždy. Ten krátký již čas, mezi přítomností a budoucím ať turisté plně využijí; nechť nerušeně cestami upravenými choditi a anekdoty při tom vypravěti si mohou; ať v chatách bezpečně spí a v sen se jim vtělí vzpomínka na hodné lidi, spořádaný stát a dobrou valutu!
A první paprsky slunce ať je předčasně nebudí, neboť snídaně v chatách na pozdější teprve hodinu určena jest, a kde že by se turisté zmohli na kus divoké romantiky, nenasnídáni!

Posléze zjišťujeme, že jsme v Schätzenreithu; podél potoka docházíme ke průplavu a dále do Srní; šest hodin trvala naše okružní, nedobrovolná cesta lesy.
V labyrintu šumavských hvozdů možno velmi lehce zblouditi.
Nemusí to ani býti nebezpečné slatinné lesy pohraniční neubrunnského revíru, (od mezníku 18 až 26 zvlášť zajímavé,) a pod Scheuereckem k Velké šachtě, ani divoká místa na bavorské straně pod Roklanem a Luzným dále k Firmiansreuthům: stačí spořádané již lesy blíže Javoru a máderské.
Není bez obtíží orientace bez kompasu jdoucím ani nepatrný v rozloze zdánlivě hvozd pod kapií sv. Vintíře směrem ke Křemelné a částečně i les po jejím toku na pravém břehu až ke Stodůlkám a odtud po levém; nalézají se tam místa naprosto neschůdná a nepřístupná, která ač mladšího původu jsouce v ničem nezadají nepronikmutelným podrostům pralesních končin pohraničních. Křemelná pak sama na konci svého putování frauenwaldským lesem na několika místech bohatostí balvanů, prudkostí svých vírů a malebností peřejí předčí i proslavenou Vydru; žel, regulací právě v těch místech kráse její bude odzvoněno.

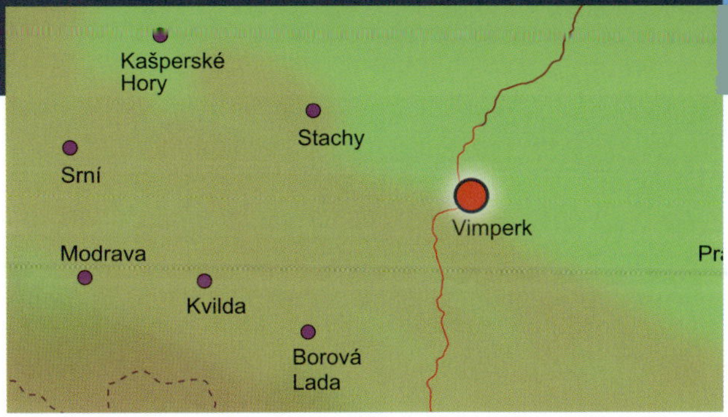

KORAN MINIATUREN

18 x 27 mm

Die berühmte Druckerei in Winterberg hat einige Kuriositäten hervorgebracht. Zu den wertvollsten zählen Korane im Miniaturformat. Sie wurden zu der Zeit gedruckt, als Jan Steinbrener Inhaber der Druckerei war.

Als er die Druckerei 1855 übernommen hatte, begann er Gebetsbücher und Kalender zu drucken. Später nahm er dann nur 18 x 27 mm kleine Korane mit 832 Seiten in die Produktion auf. Damit hatte er einen Riesenerfolg. Einige Exemplare sind in der Ausstellung im Schloss Winterberg in verschiedenen Stadien der Herstellung zu sehen.

• • FREMDENVERKEHR UND SPORT

HOTEL PROKOP

1882 Wer der Erste war, der einen Touristen gegen Bezahlung bei sich übernachten ließ, ist natürlich nicht bekannt. Und es ist ihm sicher nicht in den Sinn gekommen, dass er mit seinem Forsthaus oder Bauernhof den Grundstein für den Fremdenverkehr gelegt hat. Historischen Quellen zufolge wurde jedoch das erste richtige Hotel im Böhmerwald 1882 am Spitzberg (Špičák) eröffnet. Die Geschichte reicht aber noch weiter zurück. 1874 wurde mit dem Bau des Spitzberg Tunnels begonnen und Hunderte von Arbeitern kamen auf diese Weise in den Böhmerwald. Nach der Arbeit brauchten sie etwas zu trinken und zu essen. Der Woliner Kaufmann Jan Prokop packte die Gelegenheit beim Schopf und mietete am Spitzberg eine Kantine. Nach dem Ende der Bauarbeiten kehrte er dem Böhmerwald nicht den Rücken. Er erkannte, dass die Eisenbahn Touristen aus dem Landesinneren in den Böhmerwald bringen würde.

Und so kaufte Hans Prokop im Jahr 1880 die Kantine und wurde zum ersten Hotelier im Böhmerwald. Einer der ersten Gäste war im Jahr 1881 der Schriftsteller Jan Neruda. Vermutlich ist hier seine „Romanze vom Schwarzen See" entstanden. Den tüchtigen Hotelier mit Vollbart hatte der Autor, Dichter und Journalist ins Herz geschlossen und er nannte ihn „Vater Prokop". Am Spitzberg waren damals auch andere Persönlichkeiten des kulturellen Lebens zu Gast, zum Beispiel Jaroslav Vrchlický und Eliška Krásnohorská. Es wird erzählt, dass Jan Neruda im Hotel Prokop die Nachricht vom Brand des Nationaltheaters erreichte.

1882 wurde aus der ehemaligen Kantine und Arbeiterunterkunft offiziell das „Hotel Prokop". Es hatte 20 Zimmer mit 45 Betten. Durch Mundpropaganda florierte es und das eingeschossige Gebäude wurde nach und nach zu dem mehrstöckigen markanten Gebäude an der Straße vom Spitzbergsattel (Špičácké sedlo) nach Markt Eisenstein (Železná Ruda). Hotelier Jan Prokop starb 1914, nach ihm übernahm sein Sohn die Leitung des Hotels. Bis in die 90er Jahre war es ein Hotel. Dann wurden die Zimmer zu Appartements umgebaut.

Prag – Spitzberg 157 km
Pilsen – Spitzberg 85 km
Budweis – Spitzberg 128 km
Passau – Spitzberg 87 km

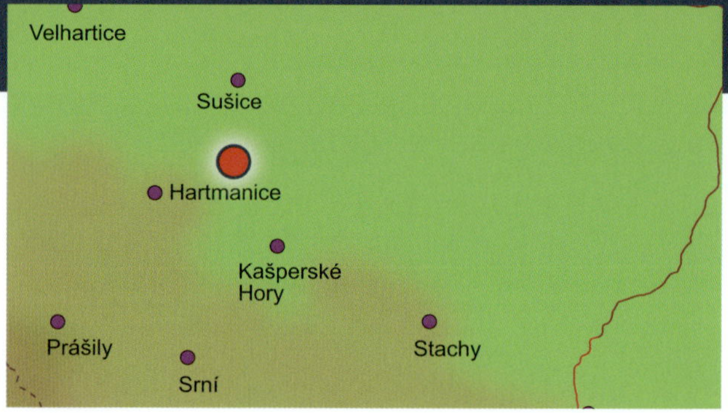

DAS AUTOCAMP ANNATHAL

1959 Man schrieb das Jahr 1959. Der Eiserne Vorhang war im Böhmerwald schon fest verankert, als an den Straßen rund um Schüttenhofen (Sušice) Hinweisschilder mit dem ungewohnt westlichen Wort „Autocamping" auftauchten. Die Schüttenhofener Konsum-Gesellschaft (Jednota) hatte einen für die damalige Zeit unerwarteten unternehmerischen Geist entwickelt. Am Ufer der Wottawa (Otawa) entstanden in Annathal (Annín) ein Restaurant, ein Zeltplatz und ein Parkplatz für Wohnwägen. Die Idee war erfolgreich. Die Besucherzahl wuchs ständig. Immer öfter wurden rund um Annathal attraktive Automarken gesichtet. Das Autocamp wurde von Tschechen, die auf den Geschmack der bis dato unbekannten Urlaubsmöglichkeit gekommen waren, Deutschen und Holländern besucht. Mit einer Fläche von 9 ha gehört Annathal bis heute zu den größten Campingplätzen der Tschechischen Republik. Die Idee wurde vom Verein der Freunde der Armee aufgenommen. Er kaufte 1964 das verwahrloste Gebäude am Antigelhof (Antýgl) und eröffnete nach der Renovierung einen weiteren Campingplatz.

Der Blick auf den Campingplatz Annathal in den 70er Jahren.

Zeitgenössische Ansichtskarte

Prag – Annathal 167 km
Pilsen – Annathal 81 km
Budweis – Annathal 95 km
Passau – Annathal 110 km

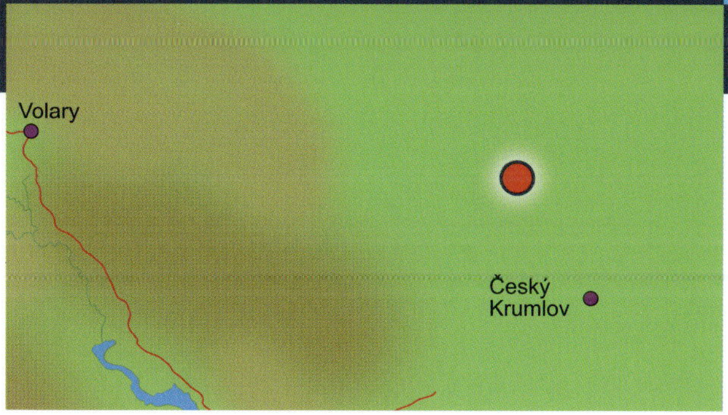

SCHÖNINGER

1825 Der 18 m hohe Aussichtsturm auf dem Berg Schöninger (Kleť) wurde im Jahr 1825 von Josef Schwarzenberg in Auftrag gegeben. Nach ihm wurde er „Josefs-Turm" benannt. Öffentlich zugänglich wurde der Aussichtsturm von der zweiten Hälfte des 19. Jahrhunderts an. 1925 kam eine Hütte für Wanderer dazu, 1958 eine Sternwarte und drei Jahre später dann die 1.732 m lange Seilbahn ab Krassetin (Krasetín). Vom Aussichtsturm am Gipfel des Schöninger sieht man weite Teile des Böhmerwaldes, das Gratzener Bergland (Novohradské hory), die Böhmisch-Mährische Höhe (Českomoravská vrchovina) und den Bergrücken Brdy Wald (Brdy). Bei gutem Wetter kann man sogar die Alpen sehen.

Der älteste Aussichtsturm in der Tschechischen Republik ist das Minarett im Schlosspark in Eisgrub (Lednice) aus dem Jahr 1802. Sollte allerdings die Ruine des Aussichtsturms in Ungarschitz (Uherčice) aus dem Jahr 1801 wieder zugänglich gemacht werden, wäre das der älteste Aussichtsturm.

gr.: Der Blick auf den Schöninger (Kleť) mit Sender, kl.: Die Seilbahn von Krassetin (Krasetín) zum Gipfel des Schöninger (Kleť)

• • AM HÖCHSTEN GELEGENER AUSSICHTSTURM IM BÖHMERWALD UND IN DER TSCHECHISCHEN REPUBLIK • •

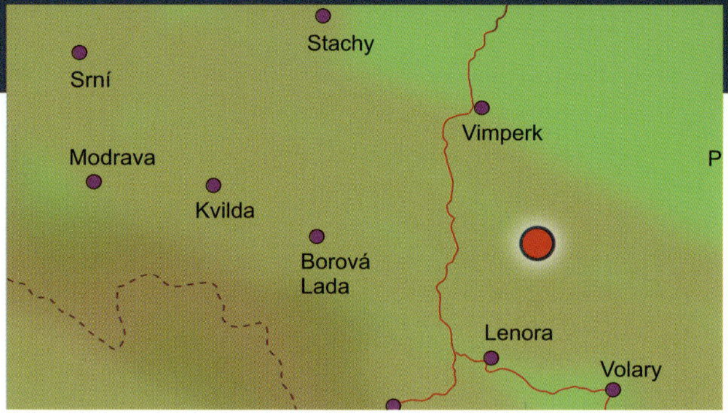

KUBANY

1.362 m

Wenn Sie von einem einzigen Ort aus auf Arber (Javor), Hochficht (Smrčina), Lusen (Luzný) und Plöckenstein (Plechý) sehen wollen, den Moldaustausee (Lipno) und den Schöninger (Kleť) von oben betrachten möchten oder sich über den Blick auf Alpengipfel wie Großglockner, Watzmann und Dachstein freuen, müssen sie 101 Stufen auf den Kubany-Aussichtsturm hinauf klettern. Sie gelangen so auf den höchsten Punkt des Böhmerwaldes auf der tschechischen Seite. Der Kubany (Boubín) alleine ist 1.362 m hoch, der Aussichtsturm legt weitere 21 m hinzu. Das heißt, Sie können sich aus einer Höhe von 1.383 m ein umfassendes Bild machen. Der höchste Berg auf der tschechischen Seite des Böhmerwaldes – Plöckenstein (Plechý) – ist „nur" 1.378 m hoch. Der hölzerne Aussichtsturm am Kubany wurde 2005 eröffnet. Die Aussichtsplattform befindet sich über dem 7. Stockwerk.

Der Kubany (Boubín)-Gipfel auf einer historischen Ansichtskarte

Auf den Kubany-Gipfel können wir von einigen Ausgangspunkten aus gelangen. Der kürzeste Weg (5 km) ist vom Bahnhof aus in Kubohütten (Kubova Huť). Man kann auch von Schattawa (Zátoň), von Idas Sägewerk (Idina Pila) und von Kellne (Včelná) aus starten. Wer besonders fit ist, kann den Aufstieg sogar in Wallern (Volary) beginnen (14 km).

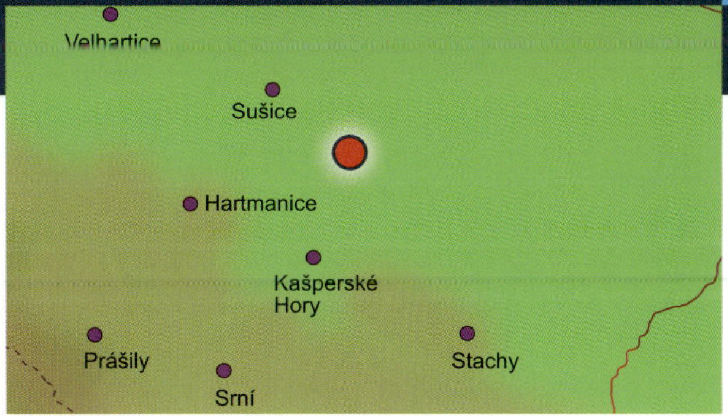

SATTEL BEI SCHÜTTENHOFEN

2009 Vom Gipfel des Berges Sattel (Sedlo) hatte man schon immer einen schönen Ausblick. Vor 2.500 Jahren wussten das bereits die Kelten und bauten hier eine Burganlage. Diese diente vermutlich als Sitz des Anführers und seiner Krieger. Die Umrisse sind noch heute erkennbar. Bei kriegerischen Auseinandersetzungen wurde sie auch von Stammesmitgliedern genutzt, die sonst am Fluß Wottawa (Otava) und seinen Nebenflüssen lebten. Die 400 m lange und 114 m breite Burganlage war von einer 10 m hohen und 7 m breiten Mauer aus gebrannten Steinen umgeben.

Ein Aussichtsturm war schon in den 80er Jahren des 19. Jahrhunderts vom Gutsbesitzer Kuchyňka geplant. Vom Zweiten Weltkrieg bis in die 50er Jahre des 20. Jahrhunderts stand hier ein militärischer Beobachtungsturm. Obwohl dieser ungepflegt war, war er nach der Räumung lange ein touristisches Ziel. 2002 plante der „Verein zur Wiederherstellung des Aussichtsturms am Sattel" mit Architekt Paul Ullmann (Pavel Ullmann) einen siebenseitigen, mit Holz ummantelten Turm. Die Form sollte an die keltische Vergangenheit erinnern. Am 13. Dezember 2009 um 13 Uhr und 12 Minuten wurde 900 m über dem Meeresspiegel der neue Aussichtsturm feierlich eröffnet. Von hier aus sieht man den Großen Arber, den Panzer (Pancíř), den Spitzberg (Špičák), den Mittagsberg (Poledník), den Ahornberg (Javorník) und den Königsstein (Královský kámen). Auch die Burg Karlsberg (Kašperk), die Gipfel des Böhmerwaldes, der auf der deutschen Seite Oberpfälzer Wald genannt wird sowie der Schwarzkopf (Čerchov), der Heilige Hain (Svatobor), die Burg Rabi, der südliche Teil der Region Pilsen und das Gebiet um Prachin (Prácheň) und Strakonitz (Strakonice) rücken ins Bild.

Der Blick vom Aussichtsturm am Sattel (Sedlo) Richtung Karlsburg (Kašperk)

Im Buch werden der älteste, der jüngste und der höchstgelegene Turm erwähnt. Die Bestimmung des höchsten Turmes ist komplizierter. Der höchste Bau ist die Sendestation mit dem Aussichtsturm bei Hoslowitz (Hoslovice) mit 50 m Höhe. Die höchstgelegenen Aussichtsplattformen bieten entweder der Aussichtsturm am Ahornberg (Javorník) oder am Mittagsberg (Poledník). Die Angaben sind mit 32 m Höhe und 30 m Höhe unterschiedlich. Es könnte aber auch der Aussichtsturm des Baumwipfelpfades am Moldaustausee das Rennen machen.

NEUSCHÖNAU

1.300 m lang, 44 m hoch

Der Baumwipfelpfad beim Nationalparkzentrum in Neuschönau im Bayerischen Wald bietet den Besuchern ungewöhnliche Ausblicke auf die Natur und ist leicht ansteigend von 8 m Höhe bis zu 25 m über dem Boden. Die Holzkonstruktion wurde gefühlvoll in den Mischwald gesetzt, am Ende wartet der Aufstieg zum 44 m hohen „Baum-Ei". Der barrierefreie Rundweg wurde an bis zu 38 m hohe Fichtenbäume und Buchen gebaut. Die mehr als 500 m lange Rampe windet sich spiralförmig um diese Waldriesen herum.

Von der Spitze des Turmes sieht man sowohl die unbesiedelte Waldwildnis des Bayerischen Waldes, den Lusen und den Rachel als auch in der entgegengesetzten Richtung die gepflegte Kulturlandschaft mit den Alpen am Horizont.

Der Baumwipfelpfad endet am Hans-Eisenmann-Haus, dem Informationszentrum des Nationalparks Bayerischer Wald.

In unmittelbarer Nähe liegt das Tierfreigelände. Besucher können hier Bären, Wölfe, Wildschweine, Luchse, Fischotter und viele andere Tierarten beobachten.

Im Böhmerwald gibt es seit 2012 eine ähnliche Attraktion. Der erste Baumwipfelpfad der Tschechischen Republik ist Teil des Sport- und Erholungszentrums „Active Park Lipno" am Moldaustausee (Lipno). Dieser Pfad ist 675 m lang und hat einen 40 m hohen Aussichtsturm.

„CHANCE" AM SPITZBERG

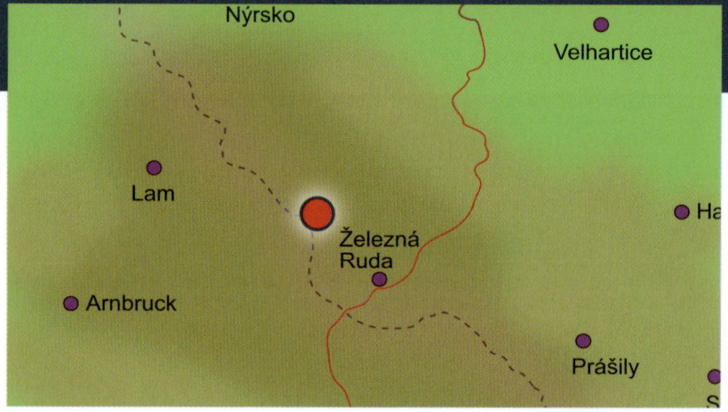

Bis zu 45 Grad steil

Die steilste Abfahrt im Böhmerwald und in der Tschechischen Republik heißt „Chance" (Šance) und liegt im Skigebiet Spitzberg (Špičák). Sie hat an der steilsten Stelle eine Neigung von 45 Grad. Die schwarze Piste ist 1.425 m lang und man überwindet hier 330 Höhenmeter. Seit 1948 pflegt die Bergwacht die Tradition einer Silvesterabfahrt mit Fackeln in der Hand. Nur ausgewählte, erfahrene Skifahrer dürfen daran teilnehmen. Das Skigebiet Spitzberg ist das größte Skigebiet auf der tschechischen Seite des Böhmerwaldes. Die Abfahrten sind insgesamt 8,4 km lang. 80 Prozent der Pisten können mit Kunstschnee beschneit werden. Ein Vierer-Sessellift transportiert 2.400 Personen pro Stunde über eine Strecke von 1.272 m. Weitere 10 Skilifte haben eine Gesamtkapazität von 5.500 Personen pro Stunde. Am Spitzberg gibt es auch die älteste Skischule des Landes.

Die steilste Abfahrt in der Tschechischen Republik trägt den Namen „Chance". Abfahrten in den Alpen tragen ähnliche Namen: Im Zillertal in Österreich heißt eine 38 Grad steile Abfahrt „Harakiri", im italienischen Passo del Tonale gibt es die Abfahrt „Paradiso" und in der Schweiz trägt eine Abfahrt den Namen „Swiss Wall" („Die Schweizer Mauer").

HOHENBOGEN

5 km Passionierten Skifahrern bietet der Berg Hohenbogen (1.079 m) in Neukirchen b. Hl. Blut im Landkreis Cham neben vielen weiteren Attraktionen mit 5 km und 3 Varianten die längste Flutlichtpiste des Bayerischen Waldes an. Sie verläuft ab der Sesselbahn-Bergstation, über den Sonnenhang und die Ahornriegel-Verlängerung und vorbei an der Mittelstation, zur Sesselbahn-Talstation. Seit der Saison 2010/2011 können alle Pisten für Snowboarder, Skifahrer, Skispringer oder Rodler (Strecke 700 m) beschneit und beleuchtet werden. An bestimmten Tagen ist zusätzlich die Sesselbahn auch nachts in Betrieb und die Wintersportler können auch die neue Wintersportart „Airboarden" testen. Es ist natürlich auch für eine gemütliche Einkehr bei Nacht gesorgt.

Quelle: Tourist Information Neukirchen b. Hl. Blut

Blick vom Arber auf den Hohenbogen – Foto Marita Haller

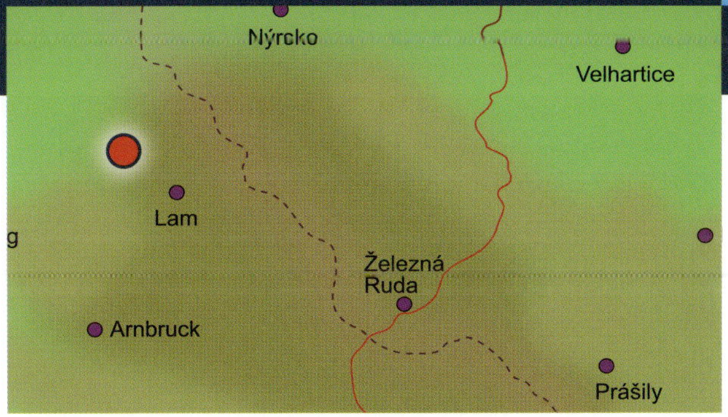

Längste Flutlichtpiste am Hohenbogen – Fotos Markus Müller, Geschäftsführer der Hohenbogenbahn

Prag – Neukirchen b.H.B. 179 km
Pilsen – Neukirchen b.H.B. 78 km
Budweis – Neukirchen b.H.B. 142 km
Passau – Neukirchen b.H.B. 179 km

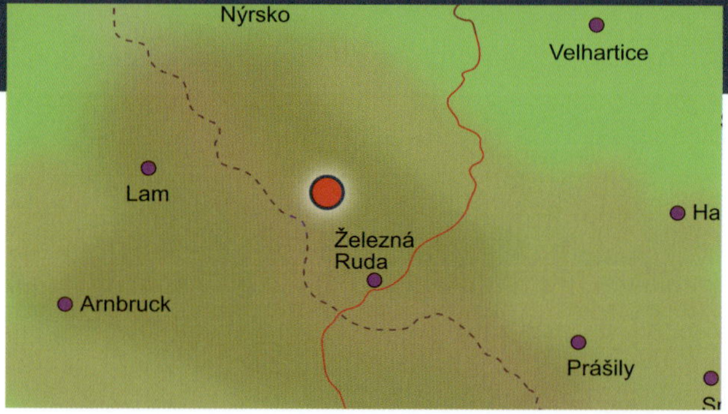

SPITZBERG

1.362 m

Der „Black Friday" („Schwarzer Freitag") im Böhmerwald hat nichts mit dem Crash an der New Yorker Börse zu tun. „Black Friday" ist der Name der längsten Mountainbike-Strecke, die man am Spitzberg (Špičák) im Böhmerwald abfahren kann: 2,5 km. Die Route gehört zu den sechs besten Strecken der besten Bikerparks in Europa. Der „Schwarze Freitag" ist eine mittelschwere Naturroute: in der Sprache der Mountainbiker mit Steilkurven, Sprüngen, Dros und Wallridges. Unter Sportlern ist der Bikerpark am Spitzberg wegen seiner vielen Veranstaltungen bekannt. Unter anderem wird hier die Europäische Meisterschaft im Downhill (Mountainbike-Abfahrt) ausgetragen. Freerider Richard Gasperotti hat den Spitzberg als Trainingsstützpunkt und Basis gewählt.

ADALBERT-STIFTER-DENKMAL

1.311 m NN

Das Denkmal des Dichters und Schriftstellers Adalbert Stifter steht auf einem Felsen oberhalb des Plöckensteinsees (Plešné jezero). Adalbert Stifter wurde ganz in der Nähe in Oberplan (Horní Planá) geboren. Der aus Granit-Quadern gemeißelte Obelisk wurde nach den Entwürfen des Wiener Architekten Heinrich Ferstel vom „Verein der Deutschen in Südböhmen" in den Jahren 1876 und 1877 gebaut. Das Denkmal wurde am 26. August 1877 feierlich enthüllt. Es ist 13,5 m hoch und an seinem Sockel steht der Satz: „An diesem Anger, an diesem Wasser ist der Herzschlag des Waldes". Errichtet wurde das Denkmal von jenen Schwarzenbergischen Steinmetzen aus Hirschbergen (Jelení Vrchy), die auch den Schwarzenbergischen Schwemmkanal gebaut haben. Der Transport des Grundsteines auf hölzernen Schienen dauerte 16 Tage, obwohl die Entfernung nur einige Kilometer betrug.

Vom Adalbert-Stifter-Denkmal aus hat man einen wunderbaren Ausblick auf den See und auf das Vorland des Böhmerwaldes.

BODENMAIS

860.000 Übernachtungen im Jahr

Bodenmais gilt mit über 860.000 Übernachtungen im Jahr als Tourismus-Hochburg im Bayerischen Wald. Bodenmais ist aber nicht nur der Ort mit den meisten Übernachtungen von Feriengästen, sondern der Ort übernimmt auch eine Vorreiterrolle in Sachen Wellness- und Gesundheitstourismus. In Bodenmais entstand Deutschlands erstes WellVital-Zentrum zum Stressabbau und zur Erholung. Das Motto des WellVital-Zentrums lautet „Wohlfühlgefühl aktiv erleben!". Damit hebt sich Bodenmais von allen anderen Urlaubsorten ab. Die erste urkundliche Erwähnung findet sich im Urbar der bayerischen Herzöge um 1300. Darin wird vom „Item das Goldwerch ze Pabenmaiz" berichtet. Mitte des 15. Jahrhunderts wurde um Bodenmais nach Silber gegraben. Ab dem 15. Jahrhundert siedelten hier auch Glashütten an. Um 1485 gewährte Herzog Albrecht IV. Bodenmais besondere Privilegien. Durch den großen Freiheitsbrief von 1522 wurde Bodenmais zur „vollkommen gefreiten Bergstadt" erhoben. Mit der Umwandlung um 1580 in eine Hofmark erloschen die Rechte der freien Bergstadt. Nachdem die Gewinnung von Edelmetallen im Silberberg zurückging, stellte man sich von 1542 bis etwa 1760 auf die Erzeugung von Vitriol (Schwefelsäure) um. Zur damaligen Zeit setzte man Vitriol zum Färben von Stoffen ein. Mit der Erzeugung von Polierrot (Potée), das beim Schleifen von Gläsern und Polieren von Spiegeln Verwendung fand, erlebte das Werk am Silberberg zwischen 1870 und 1914 seine größte Blütezeit. Bodenmais lieferte Potée in die ganze Welt. Dann gewannen neue chemische Herstellungsverfahren die Oberhand. Die letzte Schicht wurde 1962 gefahren. Nach 1945 entwickelte sich der Ort zu einem Zentrum der Glasveredelung, was auch zu einem Aufbau eines gesunden Fremdenverkehrs führte. Ab 1945 nannte sich Bodenmais Luftkurort. Seit 1992 darf sich Bodenmais als „Heilklimatischer Kurort" bezeichnen.

Quelle: Prof. Dr. Reinhard Haller, Bodenmais... und die Bomoesser; Zeitungsbeilage „40 Jahre Landkreis Regen" des Bayerwald Boten vom 30.6.2012; Fotos: Marita Haller

Bodenmais historisch um 1900 – Sammlung Marita Haller

Die Hauptattraktion des Bayerischen Waldes ist für tschechische Touristen immer noch der Große Arber. Neueste und vielbesuchte Ziele sind der Baumwipfelpfad in Neuschönau und das Haus der Wildnis in Ludwigsthal. Wanderer mögen den Lusen, den Rachel oder den Falkenstein.

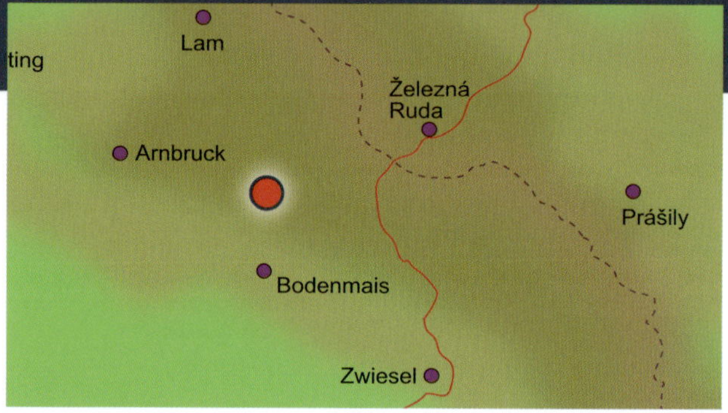

MOOSHÜTTE

950 m NN

Der höchst gelegene private Kräuter- und Aromagarten im Bayerischen Wald – mit Ruhezone, Kräuterlehrgarten und Skulpturen einheimischer Künstler – befindet sich in 950 m Höhe, gleich neben dem Berggasthof Mooshütte, Gemeinde Lohberg. Vom Garten aus hat der Besucher einen herrlichen Blick auf den Berg Osser und in den Lamer Winkel. Der einzigartige Aromagarten liegt auf dem Weg zum Kleinen Arbersee.

Der Besitzer des Kräutergartens, Volker Kirchberger, ließ ihn im Jahr 2007 von dem über Funk und Fernsehen bekannten Raritätengärtner Franz Xaver Treml aus Arnbruck anlegen. Auf einem großen Areal von über 1.000 m^2 pflanzte der Gärtner rund 2.500 Heil- und Aromapflanzen wie die selten gewordene Heilpflanze Arnika, den Bärwurz, eine Pflanze gegen Verdauungsprobleme, von der man auch den Bärwurz Schnaps herstellt, den „guten Heinrich", eine Gemüsepflanze, die viel Kalzium und Eisen spendet und deshalb bevorzugt nach dem Zweiten Weltkrieg angepflanzt wurde, die gelbe Heil- und Gewürzpflanze Alant, die gut gegen Zuckerkrankheit, Rheuma, oder Muskelverspannung helfen soll, das Seifenkraut, zum Waschen und Desinfizieren, und viele Kräuter mehr.

Durch den Kräutergarten gibt es von Juni bis Oktober regelmäßig Führungen. Jeweils im August wird ein Kräuterfest mit Musik angeboten und natürlich wird im Hotel Mooshütte stets mit frischen Kräutern gewürzt.

Quelle: Volker Kirchberger und Franz Xaver Treml
Fotos: Marita Haller

Kräutergartenimpressionen

Berghotel Mooshütte

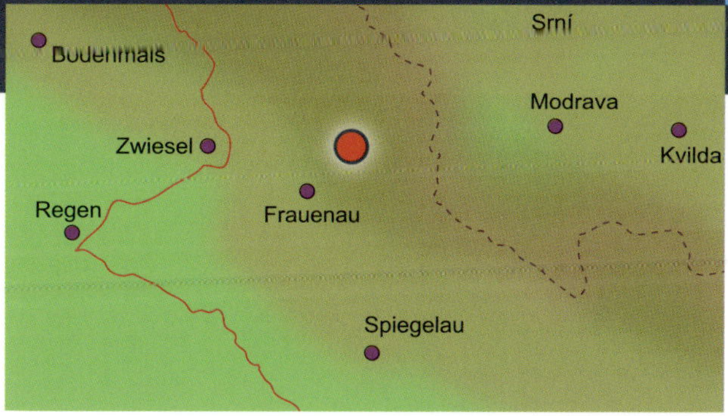

KÖNIGSSTEIG

Königsbesuche 1921 und 1923

Am 2. August 1921 besuchte König Ludwig III., der letzte Monarch des Königreiches Bayern, das Prunkschloss von Reichsrat Eduard Benedikt Freiherr Poschinger von Oberfrauenau. Knapp zwei Jahre später, am 25. Juni 1923, war König Friedrich August III. aus Sachsen Gast auf dem herrlichen Schloss am Hang des Berges Rachel. Der herzliche königliche Eintrag im Gästebuch des Freiherrn zeigt, dass sich die hohen Herren im Bayerischen Wald äußerst wohl gefühlt haben. Zur Erinnerung an die beiden Königsbesuche ließ die Forstverwaltung Frauenau den Wanderweg „KönigsSteig" markieren und für die Hoheiten Gedenktafeln aus Marmor errichten. Es ist der einzige Wanderweg in Erinnerung an Königsbesuche im Bayerischen Wald, der aktiv als schöne Wandertour beworben wird.

Als Ausgangspunkte können die Glasmanufaktur von Poschinger oder der Parkplatz in Oberfrauenau kurz vor dem alten Herrenhaus, bzw. der Bahnhof „Klingenbrunn/Linden" im Landkreis Freyung-Grafenau (Bedarfshaltestelle der Waldbahn) gewählt werden.

Quelle: Marita Haller, Traumschloss im Wald, edition Lichtland, Freyung
Fotos: Marita Haller

Das Königreich Bayern ist ein historischer Staat in Deutschland. Er entstand in der Nachfolge des Bayerischen Herzogtums und in Verbindung mit einem großen Teil Frankens und Schwabens nach dem Fall des Heiligen Römischen Reichs im Jahr 1918, als der Freistaat Bayern erklärt wurde.

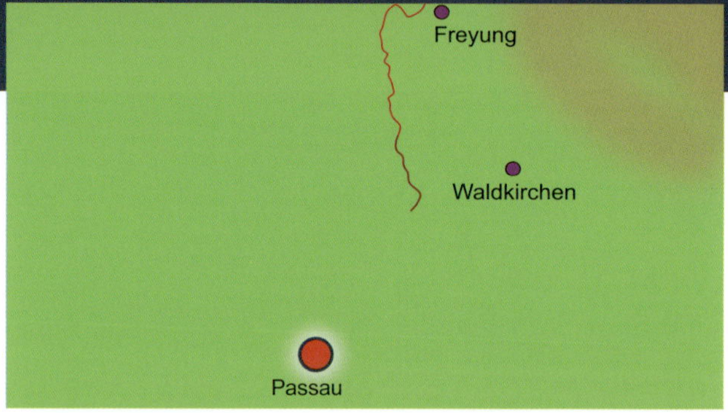

HALS

Trifttunnel 115,5 m

Eine der bedeutendsten Sehenswürdigkeiten in Hals, heute ein Ortsteil von Passau, ist der 115,5 m lange, 3,21 m breite und 2,33 m hohe historische Trifttunnel (Bauzeit 1827 bis 1829) durch den Reschensteiner Berg. Als Vorbild für den Bau galt seinerzeit der Schwarzenbergische Schwemmkanal mit Durchbruch bei Hirschbergen (1823) in Tschechien, der den Böhmerwald mit Österreich (Wien) verband.
Dem Trifttunnel in Hals vorgelagert ist eine beachtliche Triftsperre (Brücke über die Ilz auf neun Pfeilern und auf zwei Widerlagern ruhend mit angebautem Rechen). Durch diesen Tunnel wurde zur Triftzeit das Wasser geleitet, um die großen Ilz-Schleifen zu vermeiden. Die Triftzeit konnte so um 45 Minuten verringert werden. Durch die Umleitung vermied man zudem Triftschäden an Mühlen und an sonstigen Wasserbaueinrichtungen in Hals. An den engen Ilz-Schleifen verkeilte sich nämlich das Schwemmholz besonders gern. Der Ilz-Rechen vor dem Tunnel fing jedoch das Schwemmholz auf, das dann in Teilmengen durch den Tunnel Richtung Passau abgelassen werden konnte. Neben dem Tunnelkanal wurde ein Weg für die Triftknechte angelegt. Die Triftbrücke über die Ilz und auch der Trifttunnel sind für den Wanderer geöffnet.

Quelle: Friedrich Pustet, Streifzüge durch die Geschichte von Hals 1954
Fotos: Marita Haller

Triftrechen vor Tunnel um 1900

gr.: Eingang Trifttunnel an der Ilz, kl.: Trifttunnel innen

Postkarte 1896 mit Rechen und Tunnel

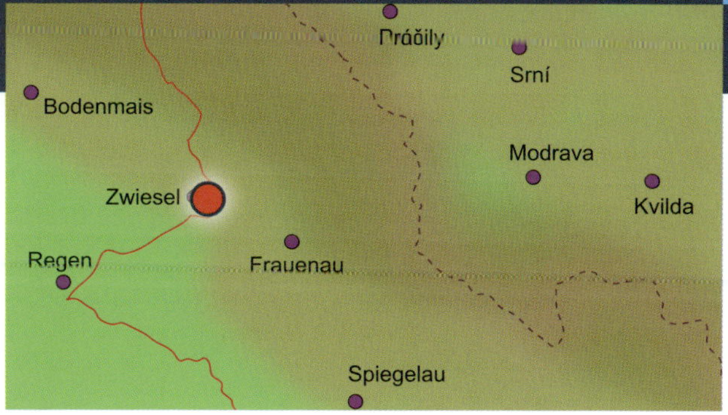

GEHEIMNISVOLLES GÄNGE-LABYRINTH MIT KUNSTOBJEKTEN

Seit Jahrhunderten gibt es in der Glasstadt Zwiesel ein geheimnisvolles unterirdisches Gänge-Labyrinth. Es liegt bis zu 21 m tief unter dem Stadtplatz. Im Hussitenkrieg und auch im Dreißigjährigen Krieg sollen sich der Legende nach die Zwieseler in den geheimen Gewölben und Gängen versteckt haben. Ein so genannter „Erdstall" führt zudem in die Zeit, als die Menschen noch an die Seelenwanderung und an die Wiedergeburt glaubten.

Führungen in die unterirdischen Gänge sind heute die Touristen-Attraktion der Stadt Zwiesel. In einem Teil der Kellergewölbe hat der Verein Unterirdisches Zwiesel e.V. namhafte internationale Künstler dazu animiert, einmalige unterirdische Erlebniswelten zu gestalten. Dabei sind Licht- und Schattenspiele unverzichtbar. Moderne Kunst in alten Gemäuern, das hat seinen ganz besonderen Reiz, wie die zahlreichen Besucher aus dem In- und Ausland immer wieder bestätigen. Diese unterirdische Erlebniswelt ist einmalig im Bayerischen Wald.

Toni Bernreiter führt durch die Erlebniswelt

Quelle: Stadt Zwiesel
Toni Bernreiter, Verein Unterirdisches Zwiesel e.V.
Fotos: Marita Haller

Objekt „Gürteltier" von Bernd Weinmayer, Mariastein, Österreich

Marita Haller

Geboren 1951 in Regenhütte, bei Zwiesel; verheiratet, 2 Kinder; Glasfachfrau (Stellvertr. Exportmanagerin mit Handlungsvollmacht, Kristallglasfabrik Spiegelau; Vertriebssachbearbeiterin bei Inn Crystal, Braunau, Österreich); nach Kinderpause: Touristinfo Zwiesel;
Aktuell: freiberufliche schriftstellerische Tätigkeit mit Schwerpunkt Förderung Tourismus und regionale Geschichte (veröffentlicht 14 touristische und geschichtliche Bücher über die Verlage edition Lichtland, Freyung; Ohetaler-Morsak Verlag, Riedlhütte, Grafenau; Starý most Verlag, Pilsen; Berichte in zahlreichen Zeitschriften/Fachzeitschriften); freie Mitarbeiterin bei der Lokalredaktion Bayerwald Bote Zwiesel der Passauer Neuen Presse (PNP); Gästeführerin in Zwiesel
Ehrung: Paul Friedl „Baumsteftenlenz-Heimatpreis 2011", zusammen mit Václav Sklenař, Srni

Petr Flachs

1969 in Pilsen (Plzeň) geboren. Früher hat Petr Flachs in der Werbeabteilung des Pilsener Tagblatts und in einer Werbeagentur gearbeitet. Im Jahr 1999 war er ebenfalls bei der Entstehung des Verlags Starý most mit dabei und ist vor allem für organisatorische und redaktionelle Angelegenheiten zuständig. Er wirkt auch als Autor oder Co-Autor an Publikationen mit.
Petr Flachs ist auch Co-Autor der grenzüberschreitenden Ausstellungen Šumavská nej.../ Das Beste aus dem Böhmerwald (2013) und Tajemství šumavských vrcholů / Das Geheimnis der Böhmerwald Gipfel (2014).

Petr Mazný

1963 in Pilsen (Plzeň) geboren. Petr Mazný arbeitete als Journalist für das Tagblatt "Mladá fronta DNES" und für das Pilsner Tagblatt "Plzeňský deník", wo er sich dem Sport und der Geschichte der Region widmete. Er war ebenfalls im ŠKODA-Museum tätig. Dort hat er sich an der Organisation von Ausstellungen über die ehemaligen Maschinenbaubetriebe in Pilsen beteiligt.
Im Jahr 1999 war er bei der Entstehung des Verlages Starý most mit dabei und hat sich als Autor an beinahe allen Publikationen beteiligt. Ab dem Jahr 2009 widmet er sich ausschließlich den regionalen Publikationen im Verlag Starý most. Petr Mazný ist Autor oder Co-Autor von zahlreichen Büchern, u.a. über Pilsen. Er lebt in Pilsen und seine Freizeit verbringt er im Böhmerwald rund um Markt Eisenstein.

Jaroslav Vogeltanz

1956 in Taus (Domažlice) geboren. Jaroslav Vogeltanz ist ein bekannter tschechischer Tier- und Naturfotograf. Zur Zeit arbeitet er im Pilsener Tierpark. Jahrelang war er Fotoreporter für eine Zeitung. Heute widmet er sich der Fotografie der tschechischen Landschaft. Er arbeitet mit dem Regisseur von Natur-Kurzfilmen, Václav Chaloupek, zusammen. Gemeinsam haben sie erfolgreiche Bücher über Tierbabys von wilden Tieren, die von Menschenhand aufgezogen wurden, herausgegeben. Der Autor schreibt auch über die Natur in Europa, in Asien und in Afrika.
Jaroslav Vogeltanz arbeitet zudem mit führenden in- und ausländischen Natur-Zeitschriften zusammen. 2007 wurde er mit dem Prestigepreis des Magazins National Geographic in der Kategorie Natur ausgezeichnet. Beim Verlag Starý most ist er zuweilen Co-Autor.

edition LICHTLAND

Bayerischer Wald und Böhmerwald aus der Luft

von Franz X. Bogner
128 Seiten, 23,8 x 28,3 cm
ISBN: 978-3-942509-06-0

Was für ein Wald! Der Bayerische Wald und der Böhmerwald wachsen seit der letzten Eiszeit – also seit rund 10.000 Jahren. Inzwischen spricht man vom größten zusammenhängenden Waldgebiet Europas. Rund 80 Bilder – von Nyrsko im Norden bis Untergriesbach im Süden, von Viechtach im Westen bis Nové Chalupy im Osten – zeigen aus der Vogelperspektive: verwunschen anmutende Landschaften, wildromantische Flüsse und Seen, liebliche Höhen, fruchtbare Täler und natürlich liebenswürdige Dörfer und Städte.

„Ein Landschafts-Prachtband!"
(www.kultur-punkt.ch)

www.lichtland.eu

edition LICHTLAND

Lichtland

Fotografien vom Bayerischen Wald

von Georg Knaus
122 Seiten, 32,4 x 23,0 cm
ISBN: 978-3-9812924-0-4

Eine meditative Lese- und Bilderreise. Die natürliche Poesie der Schöpfung, die Schönheit des Bayerischen Waldes, vereint mit den Gedanken von Menschen, die ob dieser Schönheit zu Poeten wurden.
Weltberühmte wie regionale Autoren rühmen die Herrlichkeit der Erde und beeindruckende Naturfotografien lassen ihre Worte lebendig werden. Ein Bildband für alle, die den Bayerischen Wald und seine Einzigartigkeit lieben.

www.lichtland.eu